MERÊD
DYN AR DÂN

GOLYGYDD · ELUNED EVANS
GYDA ROCET ARWEL JONES

Argraffiad cyntaf: 2016

© Hawlfraint y cyfranwyr a'r Lolfa Cyf., 2016

Dymuna'r cyhoeddwyr gydnabod cymorth ariannol
Cyngor Llyfrau Cymru

Llun y clawr: Iestyn Hughes
Cynllun y clawr: Sion Ilar

Rhif Llyfr Rhyngwladol: 978 1 78461 250 4

Cyhoeddwyd, rhwymwyd ac argraffwyd yng Nghymru gan
Y Lolfa Cyf., Talybont, Ceredigion SY24 5HE
gwefan www.ylolfa.com
e-bost ylolfa@ylolfa.com
ffôn 01970 832 304
ffacs 832 782

Rhagymadrodd

Ceisiwyd gosod yr ysgrifau mewn trefn fyddai'n eu gwneud yn ddifyr i'w darllen gan osgoi ailadrodd cyn belled ag y bo modd. Mae'n anorfod bod peth ailadrodd yn aros ond gobeithio y gellir derbyn mai dyna natur cyfrol fel hon.

Yn yr un modd, ceisiwyd cael cyfraniadau fyddai'n canolbwyntio ar y rhan fwyaf o'r agweddau ar fywyd Merêd, ond mae'n anodd pan fo'r bywyd hwnnw mor hir ac amlweddog. Un bwlch amlwg yw ei gyfnod fel newyddiadurwr yn gweithio ar *Y Cymro*. Bydd rhaid i hynny aros at eto.

Teimlwyd y gallai cynnwys 'llinell amser' fod yn ddefnyddiol. Ond eto, wrth ystyried bron i ganrif o brysurdeb, mae'n anorfod y bydd bylchau. Gobeithio, fodd bynnag, y bydd yn ganllaw buddiol.

Cysonwyd y ffeithiau lle bynnag y gwelwyd anghysondeb, ond am un ffaith ddifyr, sef yn union pryd a sut y daeth Cledwyn Jones yn aelod o'r Triawd. Ymddengys bod ei atgof o ac un Robin Williams, sy'n ymddangos yn erthygl R. Alun Evans, ychydig yn wahanol. Ein cof ni, o sgwrsio gyda Merêd, oedd bod ei fersiwn yntau ychydig yn wahanol eto. Gwnaed pob ymdrech i ganfod datrysiad ym mhapurau newydd y cyfnod, ond yn ofer. Yn hytrach nag amharu ar yr ysgrifau, cadwyd y ddwy stori yn eu ffurf wreiddiol, a'r dirgelwch i'w ddatrys eto.

Diolch i'r holl awduron am fod mor barod i gyfrannu at y gyfrol ac i ddeiliaid hawlfreintiau'r ffotograffau. Nodwyd y deiliad pan nad yw'r hawlfraint yn perthyn i'r teulu. Yn yr achosion prin hynny pan fethwyd dod o hyd i ddeiliad hawlfraint gwnaed pob ymdrech bosibl i ddod o hyd iddynt.

Diolch hefyd i griw Cwmystwyth am roi o'u hamser i siarad â Lyn Ebenezer. Gyda thristwch mawr iawn y mae'n rhaid cofnodi marwolaeth ddisymwth un o'r criw, sef Gwyn

Morgan, Fferm Pentre, Cwmystwyth. Fe fu'n gymydog triw a chyfaill ffyddlon i Merêd am flynyddoedd. Ef oedd yr olaf o'r genhedlaeth honno o drigolion yr ardal. Fe fydd colled fawr ar ei ôl yn y Cwm ond nunlle'n fwy nag ar aelwyd Pentre. Coffa da amdano.

Mae'r diolch mwyaf i Phyllis am fod mor barod i rannu ei hatgofion o'i bywyd gyda Merêd. Ond diolch hefyd i John Gurr ac i deulu'r Garreg Lwyd am eu cefnogaeth a'u hamynedd diderfyn.

Diolch i Lefi yn y Lolfa am y syniad, ac am y rhyddid i'w ddatblygu, ac iddo ef a Nia am bob gofal wrth fynd â'r gyfrol trwy'r wasg.

Bydd breindaliadau'r gyfrol hon yn cael eu cyfrannu at Ymddiriedolaeth William Salesbury.

Eluned Evans a Rocet Arwel Jones
Mawrth 2016

Cynnwys

Cyflwyniad   11

Y Cerrig Milltir ar Daith Bywyd Merêd   13

Mrêd   20
Gwyn Thomas

Atgofion Coleg: Merêd a Minnau   26
Cledwyn Jones

Pwt Bach gan Huw Bach   35
Y Parch. Huw Jones

Merêd y Darlledwr   37
R. Alun Evans

America   44
Eluned Evans

Arloeswr y Byd Pop Cymraeg   53
Huw Jones

Y Pennaeth   58
Hywel Gwynfryn

Cerdd: Argae   63
Glenys Mair Roberts

Gorau Arf, Arf Dysg: Merêd yr Addysgwr   64
Dafydd Islwyn

Sefydlu'r *Dinesydd*   72
Norman Williams

Cerdd: Cwmystwyth, 26 Chwefror 2015   80
Myrddin ap Dafydd

Cariad at y Cwm   81
Lyn Ebenezer

Bywyd Teuluol   89
Eluned gyda Phyllis, Kathryn ac Elinor

Teyrnged o Israel   98
Uri a Yaara Orlev

Cerdd: Mi a glywais...   102
Gruffudd Antur

Trafod Diwinyddiaeth gyda Merêd   103
Cynog Dafis

Merêd yr Athronydd   107
Gwynn Matthews

Pencarreg   114
Ned Thomas

Cerdd: Yn Angladd Merêd   120
Myrddin ap Dafydd

Yr Ymgyrchwr: Cylch yr Iaith a Phwyllgor   121
Ymgyrch y Coleg Cymraeg Ffederal
Ieuan Wyn

Cerdd: Merêd   130
Huw Meirion Edwards

Y Niwsans i'r Rhai sy'n Credu mewn Trefn 131
Angharad Tomos

Cerdd: Merêd 139
Anwen Pierce

Merêd yr Ymchwilydd Canu Gwerin 140
Robin Huw Bowen

Y Perfformiwr 147
Bethan Bryn

Magic Merêd: Teyrngedau 10 Mewn Bws 153
Angharad Jenkins gyda Catrin O'Neill,
Gwen Mairi Yorke a Huw Evans

Cerdd: Cân i Merêd 160
Gwyneth Glyn

Hogia Tangrish! 162
Gai Toms

Cerdd: Cynefin 168
Merêd

Teyrnged 169
Rocet Arwel Jones

Cerdd: Terfynau 179
Rocet Arwel Jones

Cerdd: Beddargraff Merêd 182
Peredur Lynch

Cyflwyniad

Bu 2015 yn flwyddyn flin, a dioddefodd y genedl golledion difrifol. 'Hen fleiddiast o flwyddyn,' chwedl Twm Morys wrth farwnadu'r annwyl Olwen Dafydd, a hynny cyn i'r flwyddyn gael ei thraed dani hyd yn oed. Prin y gallai'r bardd fod wedi rhag-weld gymaint ar ei chythlwng oedd y fleiddiast honno. Ac mae'n udo byth.

Nid cystadleuaeth yw hi pwy yw'r mwyaf o blith y mawrion. Byddai Merêd yn rhwygo'r arch o feddwl bod unrhyw un hyd yn oed yn ystyried y fath beth. Ond ei gyfrol deyrnged o yw hon ac nid yw'n amhriodol ystyried beth oedd yn ei wneud o mor arbennig ymhlith cynhaeaf mor nodedig o drist.

Gellid dadlau bod amrywiaeth ei gyfraniadau, ac arwyddocâd a hirhoedledd y cyfraniadau hynny, yn nodedig.

Mae'r meysydd a restrir fel rhai y gwnaeth o gyfraniad gwirioneddol arwyddocaol iddyn nhw yn cynnwys: canu gwerin fel perfformiwr ac ymchwilydd; adloniant ysgafn fel perfformiwr ac arloeswr; addysg oedolion; athroniaeth, yn cynnwys athroniaeth a gwleidyddiaeth iaith a chenedl; S4C o ran gosod sylfeini adloniant ysgafn ac ymgyrchu i'w sefydlu a'i chynnal; y Coleg Cymraeg Cenedlaethol; deddfwriaeth iaith; a'r papurau bro.

Gallai unrhyw un fod yn falch o fod wedi gwneud shifft Merêd yn unrhyw un o'r meysydd hynny. Ond fe gyflawnodd gymaint mewn cynifer o feysydd.

Daeth dau faes i'r amlwg, wrth gywain yr ysgrifau hyn ynghyd, a oedd wedi eu hanwybyddu yn y teyrngedau yn union ar ôl colli Merêd flwyddyn yn ôl. Y naill oedd ei gyfraniad i addysg oedolion. Mae hi mor hawdd anghofio mai dyna sut yr enillodd ei fara menyn am y rhan fwyaf o'i yrfa. Ac fel y dengys ysgrif Dafydd Islwyn, aeth Merêd ati gydag arddeliad

11

ymgyrchydd yn y maes hwnnw'n ogystal. Yn wir, aeth ati fel 'dyn ar dân', ond geiriau John Roberts Williams yw'r rhai sy'n rhoi ei theitl i'r gyfrol hon, a hynny wrth ddisgrifio ei gyfraniad i sefydlu mudiad y papurau bro. Eto, mae ysgrif Norman Williams yn gwneud yn iawn am y bwlch hwnnw yn y teyrngedau. Oni fyddai hynny'n gyfraniad oes ynddo'i hun?

Yn ddiweddar rhyddhawyd seithfed pennod *Star Wars*. Fe fydd y rhai sydd â'r Grym yn gydymaith iddynt yn gwerthfawrogi delwedd Gai Toms o Merêd fel hen Jedi, fel Yoda ei hun efallai, ond â gwell gramadeg. Ac mae hynny'n tanlinellu rhywbeth cwbl arbennig am y gyfrol hon. Cyfrol deyrnged i hen ddyn yn nesáu at ei gant oed ydi hi. Gallai fod yn llawn ysgrifau gan hen ddynion dros eu pedwar ugain yn llefaru ag un llais ac mewn un cywair. Ond mae teyrnged fwyaf y gyfrol, nid rhwng y llinellau, ond rhwng y penodau. Does dim rhaid i chi wrando'n astud iawn i glywed llais y cenedlaethau yn cyfarch yr henwr hwn. Gellid mentro dweud bod rhywun yn cynrychioli pob degawd o oedran rhwng eu hugeiniau a'u nawdegau wedi cyfrannu. Pob un â rhywbeth personol i'w ddweud am Merêd, ac am ei ddweud yn eu llais eu hunain. Dyna deyrnged i hen ddyn.

Roedd person, barn a gwaith Merêd yn uchel eu parch yn rhyngwladol, yn genedlaethol, yn lleol ac yn bersonol. A'r deyrnged fwyaf iddo yw, nid ei fod wedi cyflawni hyn oll, ond ei fod o'n hen foi iawn. Ond efallai ei fod wedi cyflawni hyn oll am ei fod o'n hen foi iawn. Yn ogystal â bod yn athrylith diflino.

Y Cerrig Milltir ar Daith Bywyd Merêd

9 Rhagfyr 1919	Ganwyd yn Nhop Pentre, Llanegryn, Sir Feirionnydd.
Hydref/ Tachwedd 1920	Symud i fyw i Fryn Mair, Tanygrisiau.
Medi 1923	Cychwyn yn Ysgol Tanygrisiau.
Medi 1930	Cychwyn yn Central School, Blaenau Ffestiniog, ar ôl methu'r Scholarship i fynd i'r County School.
Medi 1934	Gorfod gadael yr ysgol oherwydd salwch ei dad, a dechrau gweithio yn y Co-op, yn Four Crosses, Blaenau Ffestiniog, am bum swllt yr wythnos.
1938–1940	Dechrau ar y broses o fynd i'r weinidogaeth: pregethu o gwmpas y Dosbarth a mynd o flaen y Cyfarfod Misol i gael ei dderbyn.
1938	Cofrestru fel gwrthwynebydd cydwybodol.
1938–1940	Ymddangos o flaen Tribiwnlys Gogledd Cymru fel gwrthwynebydd cydwybodol. Safodd ar egwyddorion crefyddol. Rhoddodd ei weinidog, Herbert Evans, eirda iddo. Cafodd 'eithriad diamod' ar sail hynny.

Medi 1940	Gadael y Co-op a chychwyn ar gwrs rhagbaratoadol ar gyfer y weinidogaeth yng Ngholeg Clwyd, Y Rhyl.
Haf 1941	Llwyddo yn ei 'Matriculation'.
Medi 1941	Cychwyn ar gwrs hyfforddi ar gyfer y weinidogaeth ym Mhrifysgol Bangor (y ffioedd yn cael eu talu gan y Methodistiaid Calfinaidd oherwydd ei fod yn cael ei hyfforddi ar gyfer y weinidogaeth).
1942	Dechrau ymddangos ar raglenni Sam Jones ar y BBC.
Haf 1943	Penderfynu gadael y cwrs hyfforddi ar gyfer y weinidogaeth.
Medi 1943	Dechrau dilyn gradd anrhydedd mewn Athroniaeth.
1943	Robin Williams yn dechrau yn y coleg ac yn dechrau canu mewn triawd gydag Islwyn Ffowc Elis a Merêd.
Haf 1945	Ennill gradd Dosbarth Cyntaf mewn Athroniaeth.
Medi 1945	Dechrau ar gwrs MA.
1945/46	Cledwyn Jones yn dechrau yn y coleg ac yn cymryd lle Islwyn Ffowc Elis yn y triawd. Ffurfio Triawd y Coleg.
Medi 1946	Ei ethol yn Llywydd yr SRC (Student Representative Council) – Undeb y Myfyrwyr ar y pryd.
Haf 1947	Cwrdd â Phyllis am y tro cyntaf yng nghantîn stiwdios y BBC ym Mryn Meirion.

1941–47	Gwneud dros 400 o ddarllediadau radio, yn arbennig ar y *Noson Lawen*.
Haf 1947	Gorffen fel Llywydd yr SRC a chael swydd yng Ngholeg Harlech, ar ôl ymgeisio am yr eildro.
10 Ebrill 1948	Priodi Phyllis yn Eglwys Llanfair, ger Harlech (lle priododd ei daid a'i nain). Y brecwast priodas yng ngwesty Noddfa, Harlech.
3 Ebrill 1949	Ymddangos yn y ffilm *Noson Lawen*.
Haf 1949	Geni Eluned, ei unig blentyn o a Phyllis.
10 Rhagfyr 1949 – 10 Chwefror 1950	Ymweld â rhieni Phyllis yn UDA. Teithio yno ar y llong *Franconia* ac yn ôl adref ar y *Queen Mary*.
1950–1952	Gadael Coleg Harlech i weithio gyda John Roberts Williams fel un o is-olygyddion *Y Cymro* yng Nghroesoswallt. Y teulu'n byw yn 2 Halston Cottages, Boot St., Whittington.
25 Mehefin 1952	Y teulu'n gadael am Unol Daleithiau America ar y llong *Queen Elizabeth*.
30 Mehefin 1952	Cyrraedd UDA a mynd yn syth i Pontiac i aros gyda rhieni Phyllis.
Medi 1952	Cael lle yn Princeton i wneud PhD mewn Athroniaeth. Rhentu ystafell mewn tŷ am y flwyddyn gyntaf tra oedd Phyllis ac Eluned yn aros yn Pontiac.
Medi 1953	Phyllis ac Eluned yn symud i Princeton i fyw gyda Merêd mewn tŷ wedi ei rentu ar Moore St.

1954	Recordio'r LP *Welsh Folk Songs* i gwmni Folkways Moe Asch. Dewiswyd hi'n un o LPs gorau'r flwyddyn gan y *New York Times*.
Haf 1955	Derbyn Doethuriaeth mewn Athroniaeth a swydd fel Darlithydd ym Mhrifysgol Boston.
Haf 1955	Y teulu yn treulio gwyliau'r haf yn ôl yng Nghymru.
Medi 1955	Dechrau ar ei swydd ym Mhrifysgol Boston a'r teulu'n symud i fyw i fflat wedi ei rentu yn 36 Hawthorn St., Cambridge, Mass.
Haf 1957	Dod yn ôl, gydag Eluned, i dreulio'r haf yng Nghymru, ac aros yn Nhanygrisiau.
1958	Ei benodi'n 'Assistant Professor' mewn Athroniaeth ym Mhrifysgol Boston.
1959	Teithio i Gymru ar gyfer cyfweliad yn dilyn cais am swydd Warden Coleg Harlech, ond yn methu cael y swydd.
1960	Cael cynnig hen swydd Cynan fel darlithydd yn yr Adran Efrydiau Allanol ym Mhrifysgol Gogledd Cymru, Bangor ac, ar ôl trafod gyda Phyllis, yn ei derbyn.
Gorffennaf 1960	Y teulu'n cyrraedd Cymru ac yn byw mewn tŷ wedi ei rentu ym Mhenrhosgarnedd.
Medi 1960	Dechrau ar ei swydd newydd.
Medi 1960	Prynu tŷ ym Mhorthaethwy a symud yno i fyw.

1960–1963	Darlithio ledled gogledd Cymru a thrafaelio i Gaerdydd yn aml i ymddangos ar raglenni fel *Gwlad y Gân.*
1962	Recordio'r LP *A Concert of Welsh Songs* i gwmni recordiau Delysé.
Haf 1963	Ei benodi'n Bennaeth Adloniant Ysgafn BBC (Teledu) Cymru yng Nghaerdydd.
Medi 1963	Dechrau ar ei swydd gyda'r BBC a'r teulu'n symud i Gaerdydd, i fflat wedi ei rentu am dri mis
Nadolig 1963	Prynu tŷ yn Shirley Road a symud i mewn erbyn y Nadolig.
Mehefin 1969	Geni Kathryn Siwan, eu hwyres gyntaf.
1963–1973	Blynyddoedd y BBC – *Hob y Deri Dando, Lloffa, Ryan a Ronnie, Fo a Fe* ayyb.
1970	Sefydlu a chadeirio *Y Dinesydd*, y cyntaf o'r papurau bro.
Mawrth 1971	Geni Gareth Richard, eu hŵyr cyntaf.
1972	Phyllis ac yntau'n ymweld â Chwmystwyth gyda Morfudd Mason Lewis i ystyried prynu tŷ. Gweld dau fwthyn cyfagos, Cartref a Brodawel. Y bwriad oedd bod Phyllis a Merêd yn prynu'r naill a Morfudd Mason Lewis y llall.
1973	Penderfynu gadael y BBC a dychwelyd at ei gariad cyntaf, sef addysg oedolion. Ymuno ag Adran Efrydiau Allanol Prifysgol Cymru, Caerdydd.
1974	Newidiodd amgylchiadau personol Morfudd Mason Lewis a gwerthodd

	ei bwthyn i Merêd a Phyllis. Dyna sut y daeth y ddau dŷ yn un ac y crëwyd Afallon. Treulio'r penwythnosau a'r gwyliau yno.
1975	Merêd a Phyllis yn cael eu gwneud yn Gymrodyr Anrhydeddus yn Amgueddfa Werin Sain Ffagan.
Gorffennaf 1975	Eluned a'r plant (Kathryn, 6 oed a Gareth, 4 oed) yn symud i fyw yn barhaol i Gwmystwyth. Merêd a Phyllis yn treulio llawer mwy o amser yno o hyn ymlaen.
1977	Recordio'r LP *Merêd* i Sain.
1979	Diffodd trosglwyddydd teledu Pencarreg gyda Ned Thomas a Pennar Davies fel rhan o'r ymgyrch dros sianel Gymraeg.
1980–83	Cadeirydd Cymdeithas Alawon Gwerin Cymru.
Awst 1981	Eluned a'r plant yn symud i fyw i Bentir.
Mawrth 1982	Geni Elinor Sioned, eu hail wyres.
Gorffennaf 1985	Ymddeol o'r Brifysgol a symud, gyda Phyllis, i fyw'n barhaol i Gwmystwyth.
Awst 1986	Traddodi araith ar y mewnlifiad fel Llywydd y Dydd, Eisteddfod Genedlaethol Abergwaun.
1987	Prynu Manora (y tŷ drws nesaf i Afallon), a'i rentu i Peredur Lynch a Menna Baines.
1988	Ysgrifennu a chyflwyno cyfres ar y Beibl i S4C.

1991	Eluned a John yn symud i fyw i Manora.
1992	Ei wneud yn Gymrodor Anrhydeddus ym Mhrifysgol Cymru, Aberystwyth.
1993	Achos Caerfyrddin a'r ymgyrch dros Ddeddf Iaith Newydd.
1994	Cyhoeddi *Merêd* dan olygyddiaeth Geraint Jenkins ac Ann Ffrancon. Hefyd recordio'r rhaglen *Penblwydd Hapus*.
21 Gorffennaf 1995	Marwolaeth sydyn Gareth, eu hŵyr.
1997	Phyllis ac yntau'n cael eu gwneud yn Gymrodyr Anrhydeddus ym Mhrifysgol Cymru, Bangor.
Ebrill 1998	Cael D.Litt er Anrhydedd o Brifysgol Cymru. Cyflwynwyd gradd er anrhydedd i Desmond Tutu ar yr un pryd ac roedd y ddau'n eistedd gyda'i gilydd.
2007	Cyhoeddi *Cynheiliaid y Gân: Teyrnged i Phyllis Kinney a Meredydd Evans*. Golygwyd gan Wyn Thomas a Sally Harper, Adran Gerdd Prifysgol Bangor.
2009	Cyhoeddi *Hela'r Hen Ganeuon*.
Rhagfyr 2009	Dathlu ei ben blwydd yn 90 oed.
Chwefror 2012	Cael ei wneud yn Gymrodor er Anrhydedd o'r Coleg Cymraeg Cenedlaethol. Y fraint fwyaf a gafodd erioed yn ei dyb o.
14 Chwefror 2015	Dioddef strôc enfawr a'i ruthro i'r ysbyty.
21 Chwefror 2015	Marw yn Ysbyty Bronglais, Aberystwyth, o effeithiau'r strôc.

Mrêd

Gwyn Thomas

Does dim camgymeriad yn nheitl y geiriau hyn; nid 'Merêd' oedd Dr Meredydd Evans i bobol Tanygrisiau, lle y magwyd o, ond 'Mrêd' – doedd y trigolion ddim yn rhai i wastraffu sillafau. 'Lle y magwyd o,' meddaf fi, ond nid lle y ganwyd o. Fe ysgrifennodd Jini Roberts ysgrif gryno a rhagorol o goffadwriaeth i Mrêd ym mhapur bro Blaenau Ffestiniog, sef *Llafar Bro* (rhifyn Mawrth 2015). Mae'n bwysig nodi enw Jini yma, oherwydd fe wn o brofiad mai hi oedd Cof Swyddogol Tanygrisiau iddo fo – ac i minnau yn ei sgil o. Bythefnos cyn ei farwolaeth, meddai Jini, roedd Mrêd wedi rhoi caniad iddi ar y ffôn efo'i gais arferol, 'Fedri di ddweud wrtha i?', sef dweud wrtho fo pwy oedd pwy, neu ble'r oedd ble. Pan fyddwn i'n codi'r ffôn, o dro i dro, i ofyn i Mrêd a oedd yn cofio ambell beth am Danygrisiau, ac yntau ddim yn cofio, yr hyn a ddôi wedyn, yn ddi-ffael, oedd, 'Wyt ti ddim wedi cael gair efo Jini?'

I ddyn oedd yn ei gysylltu ei hun mor wresog efo Tanygrisiau, efallai y bydd yn syndod i rai ddeall nad yn fan'no y cafodd Mrêd ei eni. Fe'i ganwyd o yn Llanegryn, yn yr hen Sir Feirionnydd, ar 9 Rhagfyr 1919, yn fab i Richard a Charlotte Evans, ac yn un o un ar ddeg o blant. Roedd ei dad a'i frawd Jac wedi symud i Danygrisiau i weithio yn chwarel y Foel pan oedd Merêd tua pum mis oed. Symudodd gweddill y teulu yn 1920 pan oedd Merêd tua 11 mis oed. Dydw i ddim yn cofio ei dad o, ond roeddwn i'n adnabod ei fam o'n iawn: mi alla i ei gweld hi'r funud yma yn sefyll ar ben drws y cartref, Bryn Mair, mewn dillad tywyll a chyda chwmwl o wallt gwyn am ei phen, ac yn wraig gyda'r gleniaf fyw. Hi, yn sicr, oedd y dylanwad cryfaf ar Mrêd i beri bod ganddo gymaint o ddiddordeb mewn canu gwerin, am ei bod hi'n canu hen ganeuon iddo fo a'r teulu. O ddyddiau cynnar iawn, roedd Mrêd wrth ei fodd yn canu ac yn actio. Yr adeg yma, yr enw a roid iddo 'gydag anwyldeb' gan ei gyfoedion, meddai Jini, oedd Macdon, a oedd – y mae'n debyg – yn Sgotyn a oedd yn ganwr ac yn actor. Un o'i chofion hi ydi Mrêd yn 'Llais Duw' mewn cyflwyniad dramatig o stori Samuel o'r Hen Destament! Byddai fy ysgolfeistr yn Ysgol Maenofferen, J. S. Jones, un a oedd yn dod o Danygrisiau, yn sôn fel y byddai Mrêd a hogiau Tanygrisiau wastad wrth eu boddau yn canu.

O dro i dro byddai Mrêd a minnau'n hel atgofion am hwn a'r llall yn yr hen fro. Un o'r atgofion mwyaf aml i gael ei grybwyll oedd un am Leusa Kate Robaitj, sef chwaer Dwalad Roberts, Buarth Melyn, fferm a fyddai ar lan y 'llyn dŵr' fel y'i gelwir – i ddynodi mai llyn-gwneud ar gyfer cynhyrchu trydan ydi o – yn Nhanygrisiau. Roedd Leusa Kate yn byw yn y selar ym Mhen y Groes, dros y ffordd i Gapel Carmel. Roedd hi'n gwerthu oel lamp a, hefyd, daffi triog, ac ymenyn roedd hi ei hun yn ei wneud. Ond fyddai hi'n ddim ganddi bwyso clapiau o'r taffi yma, neu fenyn, ar ôl bod yn tywallt oel lamp. O'r herwydd fe allech honni eich bod chi wedi cael pwys o fenyn efo blas oel lamp *vintage* 1938 arno fo. Roedd hi, hefyd, yn ddynes hetiau, rhai lliwgar, cantel llydan, a byddai'n anrhydeddu oedfaon Capel Carmel gyda'r rhain.

Capel yr Annibynwyr oedd Carmel. Bethel, adeilad mawr sydd wedi ei dynnu i lawr bellach, oedd capel y Methodistiaid, ac i fan'no yr âi Mrêd. Yn fy mhlentyndod i fe adroddid un stori am y bachgen bach oedd yn arfer byw gyda'i rieni yn nhŷ capel Bethel. Roedd o'n un rheglyd iawn ac un tro roedd ei fam yn disgwyl gweinidog go gysetlyd i aros gyda nhw i wasanaethu'r Sul. 'Yli,' meddai hi wrth yr hogyn, 'os peidi di â rhegi dros y Sul yma mi gei di feic.' A dyna setlo ar hynny. Cyrhaeddodd y gweinidog cysetlyd, a dyma'r fam yn cynnig cig oer iddo i swper nos Sadwrn.

21

'Dim cig oer i mi, diolch,' oedd yr ateb.

'Gymerwch chi salad ynteu?' meddai'r fam.

'Dim salad i mi, diolch,' oedd yr ateb eto.

Ar ôl i'w fam gynnig un neu ddau o brydau eraill, yn ofer, dyma'r hogyn yn dweud yn eglur, 'Anghofia am y blydi beic, Mam, a rho wy wedi ei ferwi i'r diawl.'

Yn rhyfedd iawn, roedd ein mamau ni, a oedd yn llawdrwm iawn ar unrhyw regi, yn cymeradwyo'r stori hon a'i bachgen rheglyd. Pam? Am ei fod o'n teimlo dros ei fam, ac am gadw'i hochor hi, siŵr iawn.

Un o gofion cyson Mrêd oedd hwnnw amdano fo a rhai o hogiau eraill Tanygrisiau yn ymdrochi yn y llyn oedd yna'n is i lawr na rhaeadr ar yr afon a lifai o Gwmorthin heibio lle o'r enw Bryn Elltyd. Roedd yr artist Augustus John yn yr ardal yr adeg honno, a chofiai Mrêd amdano'n oedi wrth fynd heibio iddyn nhw, ac yn sgetjio yno. Fe gyfarfu Mrêd Augustus John flynyddoedd yn ddiweddarach ac roedd ganddo fo hanner cof amdano'i hun yn gwneud llun o Mrêd a'i gyfoedion.

Fe fu fy mam yn dysgu Mrêd pan oedd o yn yr Ysgol Bach yn Nhanygrisiau. Yn rhyfedd iawn, ddaru o ddim mynd i Ysgol Ramadeg Ffestiniog, ond i'r 'Ysgol Central' fel roedd hi'n cael ei galw. Ar un olwg bu'n ffodus yn hynny o beth achos yno fe gafodd ei ddysgu gan John Ellis Williams, awdur o fri yn ei ddydd ac ysgrifennwr storïau ditectif. Cafodd John Ellis Williams ddylanwad mawr arno ac fe gydnabu yntau ei ddyled iddo trwy olygu llyfr amdano. Yn 14 oed aeth Mrêd i weithio yn y Coparét yn Sgwâr y Blaenau, lle roedd fy nhad innau'n fecar. Yr adeg honno byddai'r Co-op yn talu 'difidend' i gwsmeriaid ar yr hyn a brynid yn y siop, ond i gael difidend roedd yn rhaid i gwsmer gael rhif. Yn ôl Jini, roedd Mrêd yn cofio rhifau'r cwsmeriaid oedd yn byw yn Nhanygrisiau, a byddai'n eu cyfarch gerfydd eu rhifau Coparétaidd.

Pan oedd Mrêd yn llanc, os oedd yna ynoch chwi ryw ddyhead am ddysg – fel roedd ynddo fo – y ddwy alwedigaeth fwyaf deniadol oedd y weinidogaeth a dysgu. Mi benderfynodd o fynd yn weinidog, ac fe fu yng Ngholeg Clwyd yn y Rhyl, lle i baratoi darpar weinidogion ar gyfer y brifysgol. Oddi yno fe aeth i Goleg y Brifysgol, Bangor i astudio Athroniaeth. Ym Mangor fe gafodd ei hun mewn tipyn o ddŵr poeth ar un adeg oherwydd natur gaeth y rheolau ar gyfer myfyrwyr, megis bod i mewn erbyn hanner awr wedi deg neu ryw adeg felly, a doedd o ddim yn un i ufuddhau i bethau felly. Yn ystod y cyfnod byr hwn o helynt, bu un o'i ddarlithwyr yn yr Adran Athroniaeth, sef Huw Morris Jones, yn eithriadol o gefnogol iddo – am ei fod o'n gweld y fath ddefnydd oedd ynddo fo, wrth gwrs. Enillodd Mrêd radd Baglor yn y Dosbarth Cyntaf.

Ond nid astudio'n unig a wnaeth o yn y coleg. Dyma flynyddoedd y *Noson Lawen*, y gwnaeth Sam Jones gymaint o lwyddiant ohoni ar radio i'r Cymry (nid Radio Cymru yr adeg honno). Mae Islwyn Ffowc Elis wedi disgrifio gorfoledd y blynyddoedd hyn ym Mangor mewn ysgrif sy'n dwyn y teitl 'Adfyw' yn y gyfrol *Cyn Oeri'r Gwaed*:

> Ac yna, daeth dyddiau Bangor. Ni bu, ac ni bydd eu tebyg...
> A'r dadeni a welodd Bangor y blynyddoedd hynny. Beirdd
> cenedlaethol, athronwyr, gwleidyddion a digrifwyr, arloeswyr
> adloniant a llên, yno y magwyd hwy. Bob gaeaf byddai dyrnaid yn
> ffroeni'r ffordd i un o stafelloedd bleraf y colegau, ac wedi eistedd
> ym mhob anghysur artistig ar y meinciau pren, dechrau meddwl.
> Ac yn y seiadau hynny, creu ffolinebau rhyfeddol. Y caneuon
> a grëwyd, y miwsig a dywalltwyd, y ffantasïau a'r sgitio, yn
> ymfoldio'n ddramâu-canu a fedyddiwyd yn 'Nirfana Rowndabowt',
> 'Breuddwyd Huw Huws', 'Y Carped Hud', 'Glyndwreitis'. A'u
> perfformio'n ddigywilydd a ffoli arnynt, ein hepil digymar ni. Os
> gwêl Bangor eu tebyg eto, bydd gwyn ei byd.

Roedd Mrêd yng nghanol y cyffro hwn ac yn un a chanddo brif ran yn y dadeni: dyma'i gyfnod efo Triawd y Coleg, a fu'n cyflwyno rhes o ganeuon poblogaidd iawn.

Mi neidiaf, rŵan, at ei briodas o a Phyllis Kinney a'i gyfnod yn America. Penodwyd Mrêd yn aelod o staff Adran Athroniaeth Prifysgol Boston, lle y bu'n llwyddiannus iawn fel darlithydd. Yno roedd o'n ymddiddori mewn cynyrchiadau dramatig a daeth i adnabod Jason Robards a Charlton Heston (Chuck), y dyn oedd yn actio Moses yn ffilm Cecil B. Demille, *The Ten Commandments* – un braidd yn ormod o 'actor' i blesio Mrêd ac un oedd yn mynd o gwmpas yn gwisgo clamp o glogyn. Yno, hefyd, y trawodd o ar Arthur Miller, y dramodydd enwog, a oedd yno i weld perfformiad o'i ddrama *A View from the Bridge*, i weld a oedd o am addasu un act ohoni hi. A thra oedd Miller a Mrêd ac un neu ddau arall wrthi mewn ystafell yn trafod pethau, roedd yna eneth yn eistedd yn ddistaw mewn cornel. A phwy oedd yr eneth honno? Neb llai na Marilyn Monroe. Felly dyma inni ddyn o Danygrisiau ddaru gyfarfod y seren danbaid honno. Ar ôl iddo fo ddweud y stori yma wrthyf fi, fe fyddwn yn tynnu ei goes a dweud, 'Mrêd: athronydd craff, awdurdod ar ganu gwerin, canwr nodedig, llên-garwr, hyrwyddwr adloniant ysgafn Cymru, ymgyrchydd brwd dros hawliau'r iaith. Ie, ie, ond rydym ni rŵan yn dy nabod di fel y dyn ddaru gyfarfod Marilyn Monroe!' Wedyn, i'w ddyhuddo, rhaid oedd ychwanegu ychydig eiriau:

Y gŵr o Danygrisiau
Gyfarfu Miss Monroe,
A'r rhai oedd yn y cwmni
Ofynnai, 'Pwy 'di hi?'
Gan ychwanegu wedyn,
'Meredydd ydi o'.

Mi ddaeth gweithgarwch mawr a di-ildio Mrêd – gweithgarwch y bu'n ddiwyd gydag o hyd y diwedd – i ben ar 21 Chwefror 2015 ac yntau'n llawn dyddiau, yn 95 oed, er ei fod o'n edrych yn llawer ieuengach na hynny. Yr oedd yn feddyliol mor effro ag erioed, ac ychydig ddyddiau cyn ei farwolaeth fe ddaeth ar y ffôn i sôn wrthyf am gerdd, 'Llestri Pridd', roeddwn wedi ei chyhoeddi yn *Y Traethodydd*, cerdd am amgyffred bodolaeth Duw, mater oedd o bwys mawr iddo fo a minnau. Dyna'r alwad olaf: y mae'n chwith gen i feddwl na fydd yna ddim galwadau fel hyn byth eto.

Rai blynyddoedd yn ôl fe gyfansoddais y geiriau hyn (rhan
o gerdd hwy) sy'n rhoi rhyw fath o grynodeb o'r hyn a olygai
Tanygrisiau i Mrêd:

Yn Nhanygrisiau, mae hen enwau
Sydd i ti'n dynodi darnau
Gwerthfawr, gwerthfawr o dy fyw a'th fod –
Cyfnodau dy ieuenctid, dy blentyndod.

Dywedaf,
'William Morris Williams, Dwalad Roberts,
Siôn Gwyndy, a Jac Pant,'
Ac atgyfodant hwy, a deuant
Trwy len annelwig amser
O'u gorffennol creadigol
Yn ôl, yn ôl i dy bresennol.

Dywedaf fi,
'Y Foel, Graig Dipiau, Dolau Las,
Y Beudy Mawr, a'r Moelwyn,'
Neu dywedaf,
'Bethel, Carmel, a Bryn Mair,'
A daw'r byd difyr oedd yn bod
Yn ôl yn fyw, ddiddarfod.

Mae haenau hen o Danygrisiau –
Yn bobol, mannau, ac amserau –
Yn nyfnderau dy fodolaeth.

Atgofion Coleg:
Merêd a Minnau

Cledwyn Jones

Ym mis Ebrill 1945, ar ôl bron i bedair blynedd, gadewais
y Llu Awyr a dychwelyd gartref i'm cynefin yn Nhal-y-sarn,
Dyffryn Nantlle. Ymunais yn syth o'r ysgol yn 1941, ac
felly nid oedd gennyf swydd o unrhyw fath ar ddiwedd fy
ngyrfa fel awyrennwr. Rhoddwyd cyfle i mi ymaelodi â nifer
o brifysgolion pan ddychwelais. Yn ystod fy nghyfnod yn y
Llu Awyr, ni chefais gyfle o gwbl i siarad gair o Gymraeg, a
dyna'r prif reswm dros ddewis Bangor, a'r hen Goleg ar y
Bryn; hynny a'r ffaith nad oedd Bangor ond rhyw ddeuddeng
milltir o'm cartref. A hwnnw oedd y cam gorau a gymerais
erioed.

Ym mis Hydref 1945, cyrhaeddais hostel gyfeillgar a
chyfforddus Neuadd Reichel, lle roedd nifer helaeth o'r
stiwdants yn siarad Cymraeg, ac yno y deuthum i gysylltiad
am y tro cyntaf â'm hen gyfaill Merêd.

Roedd ef yn lletya mewn tŷ cyffredin yn bur agos i'r coleg, ac
un o'i gyd-letywyr oedd Llew Hughes, cyn-filwr fel minnau, ac
fe alwodd yn fy ystafell un gyda'r nos yr wythnos gyntaf, gyda
Merêd wrth ei gwt, a dyna ein cyfarfod cyntaf. Cerddodd i'm
hystafell y noson honno gyda gwên ar ei wyneb, ac ar unwaith
fe deimlwn yn berffaith gyfforddus yn ei gwmni.

Roeddwn wedi clywed sôn am y Merêd 'ma cyn cyrraedd y
coleg gan gyfaill i mi oedd yn aros yn Reichel. Ymddengys ei fod
yn hynod boblogaidd ac yn dipyn o gymeriad, ei fod yn hynod

alluog, wedi ennill gradd Dosbarth Cyntaf mewn Athroniaeth ac wrthi'n astudio am MA. Ond nid oeddwn yn gwybod dim am ei gefndir teuluol nes y sylweddolodd y ddau ohonom fod ein cefndir yn debyg iawn, sef ffordd o fyw arbennig mewn ardal chwarelyddol. Roedd ei dad ef a 'nhad innau wedi treulio rhai blynyddoedd ar y môr, a threulio gweddill eu bywydau yn y chwarel, ei dad ef yn Chwarel yr Oakley a 'nhad innau yn Dorothea.

Y capel oedd canolfan ein bywyd ac roedd mynychu'r capel a'r gweithgareddau a oedd ynghlwm wrtho yn rheidrwydd; buasai mynychu'r gwasanaethau yn rhan hanfodol o'n bywydau. Gwasanaethau bore a hwyr; cyfarfod canu am un o'r gloch i'r plant lleiaf; ysgol Sul am ddau; cyfarfod canu i'r plant hŷn a'r oedolion am bump. Yn ein sgwrs ddifyr, cytunai'r ddau ohonom fod y ddau gyfarfod canu am un a phump o'r gloch wedi bod yn bwysig iawn yn ein datblygiad fel cantorion, oherwydd trwy fynychu'r cyfarfodydd hyn y sylweddolodd y ddau ohonom mor bwysig ac angenrheidiol oedd canu i ni. Heb air o gelwydd, ni allai ein rhieni fforddio talu am wersi preifat i ddysgu sut i chwarae offeryn. Droeon y dywedodd Merêd wrthyf fel y byddai'n canu drwy'r dydd, a minnau'n warblo, fel yntau, wrth gasglu mwyar duon a llus ar lechwedd Cwm Silyn.

Ond peidied neb ag anghofio dylanwad y ddwy fam. Byddai'r ddau ohonom yn 'eistedd ar lin mam' pan oeddem yn ifanc iawn, a dyma lle clywsom lawer o'n caneuon gwerin traddodiadol. Roedd gan Merêd feddwl y byd o'i fam, a hi, yn ddi-os, a fu'n gyfrifol am blannu ynddo ei gariad angerddol tuag at ein canu gwerin. Ymddengys bod ganddi doreth o'r hen ganeuon ar ei chof, ac iddi hi y dylem ddiolch am y gwaith aruthrol a wnaeth Merêd yn y maes hwn, yn ymarferol trwy ganu a hefyd ei ymchwilio manwl a'i gyhoeddiadau fyrdd.

Diolch i'r chwarelwyr gweithgar hynny yn ein capeli am ein paratoi i werthfawrogi ein canu cynulleidfaol, ac yn arbennig y gynghanedd, yr harmoni gwefreiddiol a arhosodd yn ein hisymwybod ar hyd ein hoes. Ymddengys llawer o harmoni syml ond hynod swynol yr hen emynau yng nghaneuon Merêd i Driawd y Coleg.

Gwahoddwyd fi gan Merêd i ymuno â'r grŵp o 'finesterials' a gyfarfyddai yn ddyddiol am 11 o'r gloch i fwynhau paned o de neu goffi. Derbyniais ei wahoddiad, a'r bore canlynol cefais y fraint o gyfarfod ac eistedd ymhlith y mawrion: Huw Bach (Y Parch. Huw Jones), Islwyn (Islwyn Ffowc Elis), Rogw (Y Parch. 'Robin' Robert Owen Griffith Williams) ac eraill. Roedd pob un ohonynt yn wŷr ifanc galluog a dyfeisgar, a darpar weinidogion i gyd. Fel y disgwyliech, byddai rhywun yn taro llinell gyntaf rhyw emyn adnabyddus neu faled seciwlar, a byddai pawb yn ymuno yn y gân. Gallwn innau ymuno yn yr alaw, ond ar ôl pedair blynedd ymhlith Saeson roeddwn wedi anghofio llawer o eiriau Cymraeg yr emyn neu'r faled. Roedd fy nghyfeillion newydd yn hen gyfarwydd â'r geiriau, ond roedd yr harmoni wedi aros gyda minnau hefyd o'm dyddiau cynnar, a gallwn la-la-laio cystal â neb ohonynt. Ond ymhen dim, trwy eistedd wrth ochr Merêd, gallwn innau ganu'r llinell tenor a'r geiriau yn bur hyderus. Roedd 'Myfanwy' ac 'Ar Lan Hen Afon Ddyfrdwy Ddofn' yn dra phoblogaidd. Dyma pryd y sylweddolodd Merêd a minnau fod ein lleisiau'n bur debyg i'w gilydd o ran *timbre* – hynny yw, roedd ein lleisiau'n asio yn bur naturiol.

Yma hefyd y clywais am y tro cyntaf rai o ganeuon ysgafn Triawd y Coleg, sef Merêd, Robin ac Islwyn. Byddai'r tri ohonynt yn mynd o gwmpas capeli bychain cefn gwlad i berfformio ar gyfer rhyw achos da. Ni fyddai neb yn gofyn am dâl o unrhyw fath, ond yn ddieithriad byddai'r merched wedi darparu gwledd ar eu cyfer, a hynny yng nghanol y cyfnod dogni.

Un diwrnod dywedodd Merêd wrthyf fod y stiwdants yn bwriadu cynnal cyngerdd arbennig yn y County Theatre, sef Neuadd y Ddinas, ar gais Maer Bangor a'r Cyngor Dinesig. Y bwriad oedd casglu arian ar gyfer rhai cannoedd o fechgyn Bangor fyddai'n dychwelyd adref ar ddiwedd y rhyfel. Cefais wahoddiad i fynd i wrando arnynt yn perfformio.

Gyda llaw, cyngerdd Cymraeg oedd hwn, a mwynheais y perfformiadau'n fawr iawn, yn arbennig cyfraniad fy nghyfeillion. Dyna'r tro cyntaf i mi glywed y tri'n canu'r caneuon a ddaeth mor boblogaidd yn ddiweddarach trwy Gymru benbaladr, rhai fel 'Mari Fach', 'Triawd y Buarth', 'Y Tandem' ac eraill.

Yr wythnos ganlynol, gofynnodd Merêd i mi a fyddwn yn barod i gymryd lle Islwyn yn y Triawd oherwydd fod ganddo broblemau iechyd. Chwarae teg i Islwyn, roedd yn berffaith barod i roi'r ffidil yn y to, a derbyniais innau'r cais. Roeddwn yn hynod nerfus, ond cefais gymorth gant y cant gan fy nau ffrind, oherwydd roedd y ddau'n hen gyfarwydd ag ymddangos ar lwyfan, fel cantorion ac actorion.

Felly cawsom driawd newydd, sef Merêd, Robin a Cled. Daeth cân boblogaidd o'r cyfnod i'm cof pan sylweddolais beth roeddwn wedi cytuno i'w wneud: 'Fools Step In (Where Angels Fear to Tread)'.

Yn ffodus, ar ôl gwrando ar Merêd a Robin yn canu'r caneuon, meistrolais innau'r grefft o ganu tenor (*home-made* a digon crynedig) i'r caneuon, ac aeth y canu o nerth i nerth.

Ymhen rhyw wythnos, cafodd y Triawd gais unwaith eto gan y Maer a'i Gyngor i berfformio, y tro hwn yng Nghaffi Meic, sef caffi pur posh ar draws y ffordd i'r hen Woolworths, i godi arian at yr un achos.

Derbyniasom gais y Maer, a chan mai ystafell gymharol fechan oedd yr ystafell, roedd yn orlawn ar y noson fythgofiadwy honno. Dyna fy mherfformiad cyntaf i, ond gan fod y ddau gyfaill yn bur hyderus, diflannodd fy nerfusrwydd innau. Cawsom gymeradwyaeth wresog.

Yn y caffi'r noson honno gwelsom Sam Jones, Pennaeth y BBC ym Mangor. Mae'n amlwg ei fod wedi mwynhau'r cyngerdd, oherwydd ymhen rhyw dridiau clywais gan Merêd fod Sam yn awyddus i ddarlledu rhaglen ysgafn ar y radio wedi'i seilio ar ein rhaglen yn y caffi, a'i galw yn 'Noson Lawen'. Ond y dyddiau hynny, roedd yn rhaid cael caniatâd Pennaeth yr Adran Gerdd o'r pencadlys yng Nghaerdydd. Y Pennaeth oedd Mai Jones, cerddor proffesiynol ardderchog; hi gyfansoddodd y gân boblogaidd honno, 'We'll Keep a Welcome'. Daeth i

Fangor i benderfynu a oedd safon canu'r Triawd yn ddigon da i'w glywed ar y radio. Gwrandawodd arnom yn canu yn Stiwdio'r BBC ym Mryn Meirion, a chwarae teg i Mai, cawsom ei chaniatâd parod i berfformio.

Ond cofier na fuasai Triawd y Coleg wedi gweld golau dydd o gwbl oni bai am ddawn arbennig Merêd i gyfansoddi caneuon poblogaidd ac amrywiol eu naws. Roedd yn hoff o gyfansoddi am ryw ferch ddeniadol roedd o mewn cariad â hi, fel 'Mari Fach' neu 'Nelw'r Felin Wen', neu ganeuon llawn hiwmor fel 'Triawd y Buarth' neu 'Beic Peni-ffardding fy Nhaid'. Yr oedd, ac y mae, y caneuon yn hynod ganadwy, gyda phriodas berffaith rhwng yr alaw a'r geiriau. Dyma'r caneuon y byddai pobl yn eu chwibanu a'u mwmian canu y bore ar ôl y darllediad.

Roedd ychydig o hiwmor yn dderbyniol iawn i'r cyhoedd y dyddiau hynny, ar ôl chwe blynedd o ryfel, ac ar ôl y darllediad cyntaf o *Noson Lawen* o Neuadd y Penrhyn, derbyniwyd myrdd o geisiadau gan y cyhoedd am fwy o'r un peth. Penderfynwyd recordio *Noson Lawen* bob mis – gyda chaniatâd Caerdydd. Ein rhaglen ni oedd *Noson Lawen*, a neb arall; Merêd oedd cyfansoddwr y caneuon; Huw Bach a Tecwyn Jones oedd awduron y sgetsys; ac Aethwy Jones oedd awdur areithiau Churchill. Roedd Côr y Penrhyn yno hefyd (dilynwyd hwy yn bur fuan gan Gôr Meibion Dyffryn Nantlle), a byddai gŵr neu wraig wadd yn cymryd rhan. Rwy'n cofio Mary Jones o Lanfairfechan yn canu 'Ynys y Plant' a'r enwog Nansi Richards yn perfformio ar y delyn.

Ar y bore Sadwrn misol yn swyddfeydd y BBC ym Mron Castell, byddem yn clywed ein cân ar gyfer y darllediad y noson honno am y tro cyntaf, ar ôl i Merêd ei chanu i'r amyneddgar Maimie Noel Jones wrth y piano, hithau'n gwneud copi (bras) ohoni a ninnau'n mwmian rhyw fath o harmoni, fesul cymal. Diolch i'r cefndir emynyddol yr oedd y tri ohonom mor gyfarwydd ag ef, ynghyd â chymysgedd o rai o ganeuon Bing Crosby a Frank Sinatra a greddf naturiol, byddem wedi meistroli'r gân yn bur dda ymhen rhyw awr. Ond yn anffodus, ni fyddai ein harmoni ni bob amser yn cyd-daro â threfn ein cyfeilyddes. O'r diwedd, byddai cytundeb rhyngom, ac yn y darllediad yn Neuadd y Penrhyn gyda'r nos byddai perffeithrwydd (os oes y ffasiwn beth). Byddai'r hen Sam yn eistedd yng nghell y cynhyrchydd bron ar ei liniau yn mawr obeithio na fyddai'r 'hogia' yn baglu. Yn ffodus, ni ddigwyddodd hynny erioed. Yn y dyddiau hynny, nid oedd recordio ymlaen llaw yn bosibl; roedd pob rhaglen yn fyw, a phe digwyddai i rywun wneud camgymeriad, Duw a'n helpo ni, byddai miloedd o wrandawyr yn ei glywed.

Charles Williams oedd arweinydd y noson bob amser, ac yn ddiweddarach daeth Richard Hughes 'Y Co Bach' yn aelod o'r criw, a Bob Roberts, Tai'r Felin, a Megan Thomas o Fethesda. Dyna'r criw sefydlog.

Byddem yn cael gwahoddiad yn ddiweddarach i gymryd rhan mewn gwahanol raglenni, sef rhaglenni ysgafn gan Islwyn ac eraill. Mewn rhaglen Nadolig o'r fath y recordiwyd 'Dawel Nos' gennym – fy ffefryn, lle mae mynegiant a harmoni syml y Triawd ar eu gorau.

Derbyniasom gais ym mis Rhagfyr 1947 gan gwmni recordio Cymreig i recordio rhyw bedair cân. Bobol bach, cam ymlaen i'r Triawd, ond ymddengys nad oedd y dyfeisiau recordio priodol wedi cyrraedd Cymru ac am ryw reswm roedd yn rhaid mynd i recordio mewn stiwdio yn Llundain. Meddyliwch, da chi, teithio yr holl ffordd i Lundain i recordio 'Mw-mw, me-me, cwac-cwac' a rhyw dair cân arall. Roeddem yn aros mewn gwesty moethus dros nos; Ffrancon Thomas oedd ein cyfeilydd, ac roedd o'n ardderchog. Heb ymhelaethu, mwynhaodd Merêd a minnau'r noson yn fawr iawn, tra oedd Robin, y darpar weinidog, yn disgwyl yn amyneddgar amdanom yn ein hystafell.

Fel y gwyddoch, roedd Merêd yn feistr ym maes ein canu gwerin, a pha le bynnag y byddai, byddai'n warblo rhai o'r caneuon yn ei ddull dihafal ei hun. Dyma ddigwyddodd pan oeddem yn eistedd mewn gwesty moethus adeg Eisteddfod Genedlaethol Rhosllannerchrugog yn 1961. Roedd gwraig o Lundain a'i ffrind yn aros yn y gwesty, ac roedd y ddwy wedi gwirioni yn gwrando ar y llanc o Danygrisiau yn perfformio, yn arbennig un o'i ffefrynnau, sef 'Y Ferch o Blwy Penderyn'. Gan fod y wraig mewn swydd bwysig gyda chwmni recordio yn Llundain, penderfynodd yn y fan a'r lle estyn gwahoddiad i'r 'efe' recordio nifer o'r caneuon. Y gyfeilyddes ar y delyn ar gyfer y recordiad oedd Maria Korchinska, telynores broffesiynol enwog yn ei dydd. Merêd oedd y prif unawdydd, wrth gwrs, Phyllis yn canu'r soprano a chriw yr oeddwn i wedi eu dewis yn canu cytganau'r *shanties*, yn galw eu hunain yn 'Tryfan Octet'. Pan gyhoeddwyd y record *A Concert of Welsh Songs*, cafodd glod blaenllaw gan gylchgrawn pwysig yn Llundain. Y mae un ar hugain o ganeuon ar y record, ac yn fy nhyb i dyma'r record orau o'i bath o bell ffordd, gyda phob parch i'r nifer fawr o ganeuon gwerin a recordiwyd yn y cyfamser.

Yn 1949, derbyniodd BBC Caerdydd gais gan y Cynilion Cenedlaethol o Lundain i hybu ffilm ddwyieithog i hyrwyddo cynilo arian, ond trosglwyddodd Caerdydd y cais i Fangor. Roedd Llundain yn barod i ariannu'r fenter, ond nid oedd ganddynt unrhyw un allai gynhyrchu sgript addas. Ond roedd gŵr ar staff y BBC ym Mangor oedd yn ddramodydd gyda'r gorau, sef John Gwilym Jones.

Derbyniodd Sam Jones yr her, ysgrifennodd John Gwilym sgript addas iawn yn Gymraeg a Saesneg, ac roedd aelodau'r *Noson Lawen* ar gael i wneud cyfiawnder â hi.

Nid hon oedd y ffilm Gymraeg gyntaf, ond hi oedd y ffilm gyntaf yn Gymraeg a Saesneg. Fel y disgwyliech, cafodd dderbyniad cynnes gan y cyhoedd.

Ffilmiwyd y rhan gyntaf ar fferm ger pentref y Parc ger y Bala. Merêd oedd y prif actor ac ef oedd mab y fferm, a oedd yn stiwdant ym Mangor. Roedd Robin a minnau yno yn cynorthwyo i gasglu'r gwair. Yn Swyddfa'r Post yn y Parc y byddai'r teulu'n cynilo arian i gynorthwyo'r mab yn y coleg.

Ffilmiwyd yr ail ran yn Llundain. Roedd y gwair wedi'i gasglu a chynhaliwyd noson lawen draddodiadol i ddiolch am lwyddiant y cynhaeaf. Yma roedd criw y *Noson Lawen* ar eu gorau – nid oedd angen practis. Roedd yr hen Bob Roberts yn ei elfen yn canu gydag ambell ddawns fach, a Richard Hughes a'i fodan yn creu'r hiwmor angenrheidiol. Roedd y Triawd yn canu yno, fel y disgwyliech, a chafwyd noson lawen fywiog.

Roedd yr hen Ferêd yn bêl-droediwr pur dda hefyd, a chan ei fod mor denau â llysywen, ac yn bur gyflym, gallai sleifio heibio gwrthwynebwr yn ddigon didrafferth. Roeddwn i'n dipyn o gapten tîm y coleg ar y pryd (1946), a byddwn yn falch o'i weld yn llenwi safle *inside right*. Ond nid oedd yn aelod sefydlog o'r tîm oherwydd galwadau eraill. Un o gemau pwysica'r flwyddyn oedd y 'Wooli Cup', pryd y byddai chwarae hyd at daro rhwng ein coleg ni a Choleg y Normal am gwpan arbennig a roddid i ni gan gyfarwyddwr Woolworths unwaith y flwyddyn. Byddai'r ddau dîm yn cyfarfod o gwmpas y Pasg. Bobol bach, byddai'r brwydro'n ffyrnig, ac felly'r oedd hi yn 1946. Roedd wedi bod yn glawio'n ddi-stop am ddyddiau, ac roedd cae'r Normal fel llyn o fwd. Ar ôl rhyw ddeng munud o chwarae roedd yn amhosibl gwahaniaethu rhwng lliwiau crysau'r ddau dîm. Ond y Coleg ar y Bryn fu'n llwyddiannus y diwrnod hwnnw o ddwy gôl i un, a Meredydd Evans sgoriodd y ddwy.

Yn ddiweddarach yn y 40au, byddai galw ar Merêd i siarad mewn rhyw gymdeithas neu'i gilydd, neu i ganu ei ganeuon gwerin. Os na allai dderbyn y cais am ryw reswm, byddai'n ymddiheuro i'r gymdeithas ac yn awgrymu y dylent ofyn i mi. Felly rhyw siaradwr ail-law fyddwn i yn aml, yn dilyn y meistr. Rwy'n cofio dweud wrtho ychydig wythnosau cyn ei farwolaeth, 'Cofia di, boi, rwyt ti wedi bod yn pori mewn porfeydd gwelltog addysg, a minnau'n pori yn y gors drws nesa.'

I gloi'r pwt yma, hoffwn gyfeirio at un digwyddiad sy'n fyw iawn yn fy nghof o hyd. Derbyniodd Sam gais gan nyrs o ysbyty yn Llangefni, yn gofyn a fuasai'r Triawd yn mynd yno i ganu i ferch fach oedd yn dioddef o'r ddarfodedigaeth (TB). Roedd hi'n awyddus i'n gweld yn ogystal â'n clywed. Nid oedd angen gofyn ddwywaith, ac aethom ar unwaith i'r ysbyty i'w gweld. Cawsom wên fawr a sgwrs fach fer cyn canu cân Merêd iddi, sef 'Nelw'r Felin Wen', oherwydd geneth fach o Fôn oedd Nelw (chwaer fach y Parch. Huw Jones). Nid anghofiaf byth wyneb y ferch honno wrth i ni ganu. Roedd Merêd yn berson hynod emosiynol, a'r noson honno roedd deigryn yn ei lygad. Bu farw'r ferch fach yn fuan wedyn.

Bu Merêd a minnau'n ffrindiau mynwesol o'r noson honno yn Neuadd Reichel yn 1945 am saith deg o flynyddoedd, a gallaf ddweud yn berffaith ddidwyll na fu gair croes rhyngom yn ystod yr holl gyfnod maith yna.

Bendith ar dy lwch di, mêt.

Pwt Bach
gan Huw Bach

Y Parch. Huw Jones

Pwt o werthfawrogiad sydd gen i o gwmni Merêd fel cyd-letywr ym Mangor.

Roedd y ddau ohonon ni'n rhannu llety ym Mangor am dair blynedd gydag Anti Grace yn y Crescent (Y Gilgant) ym Mangor Uchaf. Ar y pryd, dau a'u hwynebau ar y weinidogaeth oedden ni ond fe newidiodd Merêd ei gwrs hanner ffordd drwodd, a hynny am resymau hollol anrhydeddus. Roedd o'n bregethwr arbennig a huawdl ac fe fu'r penderfyniad yn wewyr meddwl iddo fo. Bu'n fater o argyhoeddiad dwys iawn iddo fo ac ni charai feddwl ei fod yn mynd i 'ngwenwyno innau. Mi gynigiodd symud allan, ond roedd y ddau ohonon ni wedi dod mor agos ac mi ddudes innau ei bod yn cymryd mwy o ddewrder i adael y weinidogaeth nag i aros ynddi.

Un o hoff bethau Merêd oedd cael sgwrs a rhoi ei lathen ar hwn a'r llall, gan wirioni ar eu gwreiddioldeb a'u ffraethineb – rhai fel Robin Joli, Y Blaena, neu'r Llwyd o'r Bryn. Ac o sôn am Bob Lloyd, rwy'n cofio cloch y tŷ yn canu rhyw noson yn weddol hwyr a phwy oedd yno ond Bob Lloyd, wedi bod yn darlithio i ryw gymdeithas neu'i gilydd yn Llanfair Pwll. 'Sgen ti wely i mi, Grace?' medda fo – y ddau yn nabod ei gilydd yn dda. 'Nagoes, cofia,' oedd yr ateb. 'Mi wneith y llawr neu ryw soffa i mi, sti,' medda fo wedyn. Yn ffodus, roedd y gwely lle roedd Merêd a minnau'n cysgu yn wely mawr iawn, a phenderfynwyd rhoi'r tri ohonon ni yn yr un gwely fel sardîns – a'r tri ohonon ni'n piffian chwerthin a sgwrsio a thrafod, hyd yr oriau mân. Doedd dim taw ar Bob. A ninnau jyst â chysgu, dyma'r sylw gogleisiol yma'n dod ganddo fo: 'Rwyt ti, Huw, wedi clywed dwi'n siŵr am fod wrth draed Gamaliel – wel dyma ti rŵan wrth din Llwyd o'r Bryn,' a dyma ni'n torri allan i foddfa o chwerthin unwaith eto. A neb yn chwerthin mwy na Merêd.

Dwi'n cofio'r gân 'Pictiwrs Bach y Borth' yn cael ei chreu; Robin (Williams), oedd yn rhannu tŷ gydag Islwyn (Ffowc Elis), Merêd a minnau mewn caffi ym Mangor. Oedd, roedd hi'n bnawn Sadwrn glawog a na, doedd gan y tri ohonon ni ddim i'w wneud.

Dros y blynyddoedd fe fydden ni'n cofio pen blwyddi'n gilydd, a hyd yn oed yr wythnos y buodd o farw, roedd Phyllis ac Eluned wedi morol am gerdyn pen blwydd i mi.

Doeddwn i ddim yn sylweddoli'n llawn, y pryd hwnnw yn y coleg, fy mod yng nghwmni un o'r bechgyn mwyaf talentog a galluog y dois i ar eu traws nhw erioed. Yn ddiweddarach y daeth hynny. Feiddiwn i ddim mynd i roi gŵr mor alluog ac amryddawn mewn unrhyw glorian.

Merêd y Darlledwr

R. Alun Evans

'The Bangor Bing' yw disgrifiad Dr John Davies o Merêd, nid unwaith ond deirgwaith ('much to his chagrin' yn ôl ei gofiannydd yn yr *Independent*), yn ei gyfrol *Broadcasting and the BBC in Wales*. A chyda'r dafod yn y foch, mewn rhagair i'r gyfrol *Merêd: Detholiad o Ysgrifau* mae'r golygyddion Ann Ffrancon a'r Athro Geraint H. Jenkins yn credu y 'dylid atgoffa pawb mai ef [Merêd] oedd y "Cwac-cwac" yn Nhriawd y Buarth!' Un o ganeuon Triawd y Coleg oedd honno. A dyddiau da oedd dyddiau coleg, hyd yn oed ym mlynyddoedd cynnar yr Ail Ryfel Byd.

Aeth Merêd i Goleg Prifysgol Gogledd Cymru, Bangor yn hydref 1941. At ddiwedd cyfnod y rhyfel, yn 1945, y ffurfiwyd Triawd y Coleg. Ym Mangor ar y pryd roedd 'na griw athrylithgar o stiwdants. Mae'r gwahaniaeth rhwng 'myfyrwyr' a stiwdants yn arwyddocaol. Gyferbyn â phrif adeilad y Coleg ar y Bryn roedd yna stiwdio gan y BBC ac athrylith o gynhyrchydd radio yno ym mherson Sam Jones, Pennaeth yr orsaf. Digwyddodd Sam, er yn anfoddog, fod yn y lle iawn ar yr amser iawn i glywed Triawd y Coleg yn diddanu. Noson i groesawu'r bechgyn a'r merched adref o'r lluoedd arfog oedd honno a drefnwyd yn Rhagfyr 1945 yng Nghaffi Meic ym Mangor. Llywydd y noson oedd Sam Jones, BBC. 'Cyffredin ddigon oedd hanner cynta'r cwrdd,' yn ôl y cofnod, ond pan gyrhaeddodd y stiwdants ar gyfer yr ail hanner deffrowyd diddordeb Sam, oherwydd bu'n chwilio ers peth amser am ddeunydd i gyfres o raglenni ysgafn o'r Gogledd.

Y tri a ganodd y noson honno oedd Islwyn Ffowc Elis, Robin Williams a Merêd. Ar ddiwedd y 'Welcome Home' yng Nghaffi Meic gwahoddodd Sam y tri i ddod i'w swyddfa trannoeth. Dyna ddechrau ar gyfnod o flynyddoedd o gydweithio ar y *Noson Lawen*. Erbyn y darllediad cyntaf roedd Islwyn yn yr ysbyty yn cael triniaeth ar ei bendics. Gwyddai Merêd at bwy i droi. Roedd Cledwyn Jones newydd ddechrau yn y coleg ar ôl bod yn yr awyrlu. Dyma Driawd y Coleg – Robin, Cled a Merêd – a nhw oedd darganfyddiad mawr y *Noson Lawen*.

Nid dyma, fodd bynnag, oedd eu profiad cyntaf o ddarlledu. Darlledasai Cled droeon fel aelod o Gôr Dyffryn Nantlle a bu Robin yn y gyfres ddrama-radio *O Law i Law* (T. Rowland Hughes). Dwy wraig a ddylanwadodd ar Merêd yn y blynyddoedd cynnar oedd ei fam, a ganai'n felys o gwmpas y tŷ, ac Enid Parry, gwraig (Syr) Thomas Parry, arbenigwraig ar ganu gwerin a'i cymhellodd at y dull hwnnw. Cawsai Merêd flas ar ddarlledu yn ei flwyddyn gyntaf ym Mangor trwy T. Gwynn Jones, Tregarth. Cawsai T. Gwynn Jones swydd dros yr haf yn y BBC. Un o'i ddyletswyddau oedd dosbarthu tocynnau ar gyfer y gwahanol sioeau radio fel *ITMA*, *Happidrome* ac ati. Yr oedd hefyd yn gyswllt amlwg â'r coleg fel 'stiwdant' ei hun.

Yn y cyfnod hwnnw roedd sêr disgleiriaf adloniant Prydain wedi eu lleoli ym Mangor. Oherwydd y bomiau a ddisgynnai ar Lundain, ail-leolwyd Adran Adloniant Ysgafn y BBC i Fryste ac yna i Fangor o Ebrill 1941 i Awst 1943. Deuai'r prif sioeau o Neuadd y Penrhyn a'r County Theatre. Roedd tair cerddorfa ym Mangor – y BBC Dance Orchestra, y BBC Revue Orchestra a'r BBC Variety Orchestra – a thros bedwar cant o artistiaid, yn eu plith Tommy Handley, Arthur Askey, Jack Train a Charlie Chester. Meddai Francis Worsley, 'If Bristol had been somewhat surprised at the arrival of so much "Show Business", Bangor was positively astounded.'

Yr oedd Merêd yn wrandawr selog ar raglenni ysgafn Bangor cyn hynny. Rwy'n ei ddyfynnu o *Stand By! Bywyd a Gwaith Sam Jones (BBC)* (Gomer, 1998, t. 150): 'Ar fin llencyndod daeth y radio i'r pentre [Tanygrisiau] a phan gafwyd rhaglenni ysgafn Cymraeg ar y cyfrwng hwnnw aethom ati ar unwaith i ddefnyddio eitemau'r rheiny er mwyn cryfhau ein cyfarfodydd ein hunain.' Cyfnod parti Hogia'r Gogledd oedd hwn, a wnaeth gyfraniad gloyw ym maes adloniant ar y radio cyn dyddiau'r rhyfel. Pan ddaeth ei gyfle yntau i ddechrau darlledu, fe sylweddolodd Merêd yn fuan iawn beth oedd y dechneg o ddefnyddio microffon. Fe ddysgodd fod llais ysgafn yn gweddu i'r dim i ficroffon, gan amrywio'r onglau yn ôl y galw. Sylwodd ar Emrys Cleaver yn canu'n ddistaw, bron yn llefaru'r geiriau, a sylwodd ar gyflymder parabl Ifan O. Williams ac ar effaith hynny ar yr hiwmor a fynegid. Manteisiodd Merêd hefyd, gyda chymeradwyaeth Sam Jones, ar y cyfle i ddarlledu'n achlysurol o Gaerdydd dan gyfarwyddyd Mai Jones ac Idris Lewis. Byddai'n canu, neu'n 'crwnio' hyd yn oed, geiriau Gerallt Richards ar alawon poblogaidd y cyfnod.

Ond roedd to newydd o fyfyrwyr ym Mangor a fyddai'n mentro mynd ag adloniant Cymraeg gam bras ymlaen. Aethant ati i greu eu caneuon eu hunain, a dibynnu ar y glust i blethu cordiau. 'Y lleisiwr gorau ohonom i gyd,' meddai Islwyn Ffowc Elis, 'oedd Meredydd Evans.' Ef a sgrifennodd y rhan fwyaf o ganeuon y Triawd. Weithiau byddai'n funud ola ar y caneuon yn dod i law. Pwysleisiai Merêd fod Sam Jones yn ddyn trefnus eithriadol, un a oedd fel arian byw, weithiau'n wyllt ac yn gynhyrfus ac weithiau'n gyfrwys, fel yr adeg honno yr arweiniodd o Merêd ar fore Sadwrn i stafell wag ym Mron Castell (lle roedd swyddfeydd y BBC) a'i gloi i mewn yn ddirybudd nes y cyflawnid yr addewid a wnaed ddyddiau ynghynt i sgrifennu geiriau ar ganeuon operatig. Mewn cyfweliad teledu a wnaed yn 1965 dywedodd Sam Jones,"Sgenno chi ddim syniad... Bore Sadwrn yn dod a dim byd wedi dod i law... Bu bron â'm lladd i, wyddoch chi.'

Ond drwy'r cyfan roedd 'na ymddiriedaeth. A gweithio i Sam oedd y stiwdants, nid i'r BBC; gweithio i'r dyn ac nid i'r sefydliad. Yn nyddiau ei hanterth roedd y *Noson Lawen* yn denu 18 y cant o holl boblogaeth Cymru i wrando. Ni fu rhaglen radio mor boblogaidd na chynt na chwedyn. Byddai tafarnwyr yn cwyno bod y dafarn yn wag nes bod y darllediad drosodd a'r capeli'n ad-drefnu eu cyfarfodydd wythnosol i osgoi problemau tebyg. Yr oedd Sam a'r stiwdants wedi dysgu cryn lawer o ymweliad Adran Adloniant y BBC â dinas Bangor. Nid fod pawb yn canmol. Ni chollodd adolygydd *Y Cymro* un cyfle i fwrw ei lach ar y *Noson Lawen*: '... y mae ganddi bellach ei chyhoedd brwdfrydig ei hunan. Teg yw dweud hefyd fod ganddi ei lleiafrif syrffedig... Beth, mewn gwirionedd, sy'n Gymreig yn null y Triawd o ganu caneuon ysgafn? Nid yw'n ddim ond adlewyrchiad eiddil o grwnio fwlgar America.'

Hwyrach mai'r stiwdio nesaf a welodd Merêd oedd y stiwdio honno yn New Hope, Pennsylvania, lle recordiodd albwm o ganeuon gwerin Cymraeg i Folkways Records. Ac yntau bellach yn sgrifennu traethawd PhD ym Mhrifysgol Princeton, daeth y record i restr deg uchaf y *New York Times* yn y categori adloniant poblogaidd.

Dyna Merêd y perfformiwr. Merêd y Pennaeth Adran ddaw nesaf. Ond nid Adran academaidd oedd hi. Wedi cyfnod yn newyddiadura, ac yna'n darlithio yn America, wedi iddo ddychwelyd i Gymru digwyddodd dau beth o bwys yn hanes darlledu yng Nghymru. Ar 13 Chwefror 1962 darlledwyd darlith radio Saunders Lewis, *Tynged yr Iaith*. Y digwyddiad arall oedd penodi Hywel Davies yn Bennaeth Rhaglenni'r BBC. Un o benderfyniadau cyntaf Hywel Davies oedd penodi Merêd yn Bennaeth Adran Adloniant Ysgafn y BBC. Pwy ond y Gorfforaeth fyddai'n penodi athronydd i swydd o'r fath?

Adran newydd sbon oedd hon. Roedd adrannau fel yr Adran Newyddion, yr Adran Chwaraeon, yr Adran Ddrama, yr Adran Addysg a hyd yn oed yr Adran Darlledu Crefyddol wedi hen ennill eu plwy yn y patrwm. Ond roedd yn rhaid dechrau o ddim yn hanes Adloniant. Cyn meddwl am raglenni a chyfresi, roedd yn rhaid penodi staff. Yr oedd hi'n dilyn felly mai staff dibrofiad fyddai yn yr Adran. Ar y gorau, fel yn hanes Merêd ei hun, camu o radio i fyd teledu oedd raid; eraill yn ymuno o fyd y theatr. Rhaid oedd mentro a bwrw ati ar fyrder oherwydd fod gwasanaeth newydd BBC Cymru/Wales i'w lansio yn 1964.

Cyn hynny, rhaglenni a ddarlledid wedi i'r rhwydwaith gau am y nos oedd rhaglenni teledu Cymraeg; atodiad i'r *insomniac*! Gyda rhybudd Sam Jones am y perygl o ddynwared y Saeson yn atseinio yn ei glustiau y derbyniodd Merêd y swydd o fod yn Bennaeth Adran Adloniant BBC Cymru/Wales.

Bwriodd Merêd i'r dwfn. Chwiliodd am berfformwyr – cynnig cytundeb i Ryan Davies oedd y cam cyntaf, a'r mwyaf llwyddiannus – ac am sgriptwyr a chyfansoddwyr a cherddorion. Fel ymhob adran arall, roedd 'na elfen ddiedifar o arbrofol yn y gwaith. Taro deuddeg efo ambell syniad a chael ambell gam gwag wrth chwilio am fformiwla lwyddiannus. Bu *Hep, Hep, Hwre!*, *Hob y Deri Dando* a'u tebyg yn ddechrau ar broses a ddatblygodd ymhen blynyddoedd yn gyfresi poblogaidd fel *Fo a Fe*, *Disc a Dawn* a *Ryan a Ronnie*.

Adeiladodd o'i gwmpas dîm brwdfrydig, hwyliog oedd yn edrych ymlaen yn wythnosol at y *staff outing* ac oedd am roi o'u gorau, nid i'r BBC, ond i Merêd fel ysgogydd. Roedd yr Adran Adloniant a fy Adran innau, yr Adran Darlledu Crefyddol, wedi eu lleoli yn yr un adeilad ar Heol Casnewydd. Deuai Crefydd ac Adloniant at ei gilydd yn achlysurol – 'Gwranda'r hen Ifas, ma Huw Ceredig yn jêl a 'da ni isho fo yn y rhaglen wsnos nesa.' Ymarferoldeb, nid egwyddor am y tro, a arweiniodd i'r ddau ohonom dalu'r ddirwy er mwyn rhyddhau Huw.

Roedd penaethiaid y BBC bryd hynny ar drydydd llawr yr adeilad yn Heol Llantrisant, ochr arall y ddinas. Gwahoddwyd Merêd i ymuno â nhw ar ryw fath o secondiad, i weld a oedd ynddo ddeunydd rheolwr. Ddaeth dim o'r arbrawf. Y farn, mae'n debyg, oedd fod ei ffiws yn rhy fyr. Ond ym myd adloniant bu'n sbarc allweddol. Gadawodd y BBC yn 1973.

Ymhen ychydig flynyddoedd roedd Merêd y protestiwr yn datgan barn ar ddyfodol darlledu. Dyma ddyfyniad o ran o'i dystiolaeth i reithgor Llys y Goron Caerfyrddin yn 1980 am fod yn un o driawd, tra angherddorol y tro hwn (Dr Pennar Davies a Ned Thomas oedd y ddau arall), a ddiffoddodd drosglwyddydd Pencarreg:

... mae'n berthnasol i mi i sôn rhywfaint am fy mhrofiad fy hun yn y diwydiant darlledu yng Nghymru. Y profiad hwnnw, i raddau pell, sy'n esbonio dyfnder fy argyhoeddiad ynglŷn â phwysigrwydd mater y Bedwaredd Sianel i Gymru ac, o ganlyniad, yn esbonio, yn rhannol, y rhan a gymerais yng ngweithred Pencarreg... un peth a ddaeth yn boenus o amlwg i mi yn ystod deng mlynedd o weithio yn y gwasanaeth darlledu yng Nghymru [oedd] mai peth cywilyddus o *ymylol* yw darlledu Cymraeg oddi mewn i gyfundrefn ddigamsyniol Brydeinig na all gymryd, neu na fynn gymryd, y diwylliant Cymraeg o ddifri. A dyfynnu un o'n poetau ni ein hunain – nid yw Cymru a'i hiaith yn ddim amgen na "dipyn o boendod i'r rhai sy'n credu mewn trefn."

Y gair "ymylol" yw'r un allweddol. Disgrifia, yn gywir ddigon i'm tyb i, natur a maint yr adnoddau technegol, ariannol a gweinyddol sy'n nodweddu y gwasanaeth Cymraeg, bondigrybwyll, a gafwyd mewn teledu yn ystod yr un mlynedd ar bymtheg a aeth heibio... Ystyrier un ffaith seml: ar hyn o bryd mae deuparth (dwy ran o dair) o'r rhaglenni Cymraeg yn canolbwyntio ar newyddion, materion cyfoes a diddordebau plant. Eto, yn ystod y deng mlynedd y bûm i'n gweithio gyda'r Gorfforaeth Ddarlledu Brydeinig – deng mlynedd cyntaf y gwasanaeth teledu Cymraeg, o 1963 hyd 1973 – nid ychwanegwyd rhagor na rhyw hanner awr yr wythnos at yr holl gynnyrch. Yn ystod yr un amser, bu cyfraniad teledu masnachol yn fwy tila fyth. Dyna mor syfrdanol o araf a chrintach y bu datblygiad y gwasanaeth Cymraeg. A bu'r Cynghorau Darlledu Cymreig yn gyfoglyd o fodlon ar hyn drwy'r cyfnod dan sylw.

Ie, ymylol yw safle'r Gymraeg yng ngweithgaredd un o gyfryngau torfol mwyaf nerthol y cyfnod presennol, cyfrwng sy'n treiddio gyda holl rym ei Seisnigrwydd i gilfachau ein haelwydydd ac yn chwarae rhan arswydus o effeithiol yn y gwaith o foddi ein Cymreigrwydd bregus. Sylweddoli hyn oll a'm hargyhoeddodd ei bod yn angenrheidiol i weld *cychwyn*, o leiaf, ar sefydlu gwasanaeth teledu Cymraeg cyflawn a theilwng a fyddai'n rhoi i'r Gymraeg le canolog i ddatblygu'n gytbwys hyd at dyfiant y gellid yn rhesymol ei gynnal gan ddoniau creadigol y gymdeithas Gymraeg ei hiaith – ar lefel perfformiad, techneg a gweinyddiad... Yr hyn a geisiwn ei wneud yw rhoi llais i argyhoeddiadau dyfnion, nid bygwth y drefn gymdeithasol sydd ohoni. Mynnwn ddwyn i sylw llywodraethau a gwleidyddwyr yn gyffredinol rai o anghenion diwylliant cenedlaethol hen, anrhydeddus a chyfoethog, sydd ar drothwy diflaniad...

Aethai Llywodraeth Geidwadol y dydd yn groes i'w haddewid ar fater sefydlu sianel deledu i Gymru. Hwyrach mai triawd angherddorol arall eto, sef Archesgob Cymru ar y pryd, y Gwir Barchedig Gwilym Williams, Arglwydd Cledwyn o Benrhos a Syr Goronwy Daniel, a gafodd y clod am ddarbwyllo'r Ysgrifennydd Cartref, William Whitelaw, i gynghori'r Prif Weinidog, Margaret Thatcher, i wneud tro pedol. Ond roedd gan fygythiad Gwynfor Evans i ymprydio hyd farwolaeth a gweithred fel un triawd Pencarreg gryn lawer i'w wneud â'r penderfyniad hefyd. Flynyddoedd yn ddiweddarach, byddai Merêd yn ymddangos gerbron llysoedd eto am wrthod talu trwydded deledu oherwydd Seisnigeiddio'r gwasanaeth hwnnw, ac fel protest am Seisnigeiddio Radio Cymru. Yr oedd yr olwyn mewn perygl nid o wneud tro pedol ond o wneud tro cyflawn.

Doedd dim rhaid i Sam Jones ei gloi mewn stafell bellach. Fe gofiai Merêd ei eiriau a'i lais bloesg: 'Y mae'n rhaid i raglenni teledu fod yn Gymraeg a Chymreig. Hynny yw, waeth i ni heb â chopïo'r Saeson. Ddaru ni adael y Saeson ar radio sain a chynhyrchu stwff oedd yn wirioneddol Gymreig. Ac mae'n rhaid i'r bechgyn fydd yn gyfrifol am raglenni teledu wneud yr un peth, neu trasiedi fydd hi.' Hyd y diwedd, clywid y llais persain yn darbwyllo ei gyd-wladwyr o'r perygl hwnnw. Mater o egwyddor iddo oedd hynny.

America

Eluned Evans

Oherwydd bod hanes y cyfnod hwn ym mywyd fy nhad a fy mam mor bersonol i mi, yr unig ffordd y medraf sgwennu amdano yw trwy ddefnyddio'r pellter emosiynol a geir yng nghonfensiwn y trydydd person. E.E.

Ar 25 Mehefin 1952, dringodd Merêd, Phyllis a'u merch fach Eluned ar y *Queen Elizabeth* a hwylio o Southampton i fywyd newydd yn America. Ar ôl teimlo nad oedd o wedi ei eni i fod yn newyddiadurwr, gadawodd Merêd ei swydd gyda'r *Cymro* a chael ei dderbyn i wneud Doethuriaeth mewn Athroniaeth ym Mhrifysgol Princeton. Fel ei ewythr Francis, a ymfudodd i'r Unol Daleithiau rhyw 80 mlynedd ynghynt, roedd o'n frwd iawn i fanteisio ar gyfleoedd newydd iddo fo a'i deulu. Wrth gwrs, i Phyllis, roedd hyn yn golygu dychwelyd at deulu a ffrindiau a phopeth arall oedd gan ei mamwlad i'w gynnig.

Nid hwn oedd y tro cyntaf i Merêd ymweld ag UDA. Yn gynnar ym mis Rhagfyr 1949 aeth y teulu i Pontiac, Michigan, i aros gyda rhieni Phyllis dros y Nadolig a'r flwyddyn newydd. Gan fod y teulu'n bwriadu aros am dipyn, penderfynodd Merêd fod angen trwydded yrru arno. Felly, benthycodd gar Jim, ei dad yng nghyfraith, er mwyn ymarfer ar y ffyrdd Americanaidd. Yn anffodus, ar ddiwrnod y prawf, roedd Jim yn gweithio a doedd y car ddim ar gael, felly cynigiodd un o'r cymdogion fenthyg car iddo. Doedd o ddim wedi gyrru'r car hwnnw o'r blaen a darganfu, braidd yn hwyr yn y dydd, fod y clytsh yn ofnadwy o egr. Trwy ryw lwc, roedd 'na le parcio gwag, gyda digon o le ar bob ochr, y tu allan i Neuadd y Dref, lle roedd y prawf i fod i gychwyn.

Tra oedd o'n eistedd yn y car yn disgwyl am ei brawf, digwyddodd tri pheth: daeth car a pharcio'n union o'i flaen; daeth car arall a pharcio'n union y tu ôl iddo; a daeth y Sheriff i lawr grisiau Neuadd y Dref ac i mewn i'r car. Roedd y Sheriff yma'n ddyn mawr, boliog a gwn mewn gwain ar ei glun – yn union fel y rhai welodd Merêd yn ffilmiau ei blentyndod. Heb unrhyw fân siarad, dywedodd, 'Move off when you're ready.' Felly cododd Merêd ei droed oddi ar y clytsh yn ara deg. Yn sydyn, neidiodd y car ymlaen ac yn syth i mewn i'r car o'i flaen. Ac yntau'n dechrau cynhyrfu, rhoddodd y car i mewn i *reverse* a chododd ei droed oddi ar y clytsh yn ara deg unwaith eto. Y tro yma, neidiodd y car yn sydyn a tharo'r car tu ôl. 'I think you've got enough room now, so let's move off,' meddai'r Sheriff. Ac off â nhw! Erbyn hyn, roedd hunanhyder Merêd ar chwâl ac allai o ddim gyrru'n gyflymach na rhyw ddeng milltir yr awr. Ar ôl gyrru fel hyn am ryw chwarter awr, yn sydyn gofynnodd y Sheriff, 'Have ya wired the folks?' 'Pardon?' meddai Merêd. 'Have ya wired the folks?' gofynnodd y Sheriff unwaith eto. Wedi drysu'n llwyr erbyn hyn, dywedodd Merêd, 'I'm sorry but I don't understand.' Trodd y Sheriff ato a dweud, 'Well, at this rate you're not going to make it home in time for Christmas.' Ar ôl meddwl am ychydig, gofynnodd y Sheriff, 'How long are ya staying in the US?' 'Only a couple of months,' atebodd Merêd. Meddyliodd y Sheriff am ychydig bach mwy a gofynnodd o ble roedd o'n dod. Atebodd, 'I come from a country called Wales.' Wel, hyn oedd y 'clinshar' oherwydd, fel roedd hi'n digwydd, roedd y Sheriff wedi treulio amser yn y Fali yn ystod y rhyfel ac wedi mwynhau ei amser yno'n fawr iawn. Y canlyniad oedd iddo roi trwydded yrru i Merêd gan ddweud, 'Well I guess ya can't do too much damage in a couple of months.'

Pan aeth y teulu i fyw i America yn 1952, roedd Merêd yn barod i ddechrau ar ei Ddoethuriaeth ym Mhrifysgol Princeton, ond erbyn hynny doedd o ddim yn medru fforddio rhedeg car. Yn ystod blwyddyn gyntaf ei Ddoethuriaeth roedd arian yn dynn ofnadwy ac roedd yn rhaid iddo fyw ar ei ben ei hun yn Princeton, tra oedd Phyllis ac Eluned yn byw gyda rhieni Phyllis yn Pontiac. Roedd hon yn flwyddyn anodd ar y naw i'r teulu i gyd, ond yn arbennig i Merêd. Roedd o ar ei ben ei hun mewn gwlad estron, yn wynebu llu o brofiadau newydd, yn bersonol ac yn academaidd, ac yn gorfod byw ar ychydig iawn o arian. Byddai llawer wedi plygu dan bwysau'r profiadau newydd hyn ond roedden nhw'n wefreiddiol i Merêd, yn enwedig yr her academaidd. Ar ddiwedd ei flwyddyn gyntaf, enillodd Gymrodoriaeth Addysgu, ac o ganlyniad dechreuodd ddysgu cyfres o seminarau a chael ei dalu am wneud hynny.

Anghofiodd Merêd erioed mo'r cymorth a gafodd y teulu gan rieni Phyllis, sef Jim a Lois Kinney. Heb eu cymorth hwy, fyddai o erioed wedi medru dechrau – heb sôn am orffen – ei Ddoethuriaeth yn Princeton. Yn wir, oni bai am eu cymorth ariannol hwy, fyddai'r ddau erioed wedi gallu prynu Afallon, Cwmystwyth, yn 1972. Roedd Jim a Lois yn barod, bob amser, gyda'u cefnogaeth ariannol a'u cariad, yn enwedig yn ystod y blynyddoedd cynnar. Er eu bod yn siŵr o fod yn poeni o weld eu merch yn rhoi'r gorau i'w gyrfa yn y byd opera er mwyn priodi bachgen dieithr o wlad estron, mi gymeron nhw Merêd i'w calonnau, ac fe gymerodd yntau atynt hwythau yn yr un modd.

Ar hyd ei fywyd roedd Merêd yn anifail cymdeithasol a chymdeithasgar gyda diddordeb diflino mewn pobol. Yn Princeton gwnaeth ffrindiau'n hawdd iawn ymhlith ei gyd-fyfyrwyr a staff y Brifysgol. Ond, yn wahanol i'r rhan fwyaf o'i gyfoedion yn y Brifysgol, daeth yn ffrindiau, hefyd, â rhai o'r trigolion lleol, yn enwedig â nifer o bobol Affro-Americanaidd. 'Red' oedd ei enw ymysg y ffrindiau hyn oherwydd bod yr enw 'Merêd' yn swnio'n od iawn iddynt. Dengys rhestr cardiau Nadolig Afallon fod llawer o'r cysylltiadau hyn wedi parhau hyd heddiw.

Yn 1954, tra oedd Merêd yn Princeton, cysylltodd dyn o'r enw Moses ('Moe') Asch â fo ynglŷn â recordio caneuon gwerin Cymraeg ar gyfer ei gwmni, Folkways. Roedd Asch naill ai wedi clywed Merêd yn canu neu wedi clywed amdano fo – ddaru Merêd erioed ddeall pa un – ond roedd catalog Folkways yn cynnwys cerddoriaeth o bob cwr o'r byd yn ogystal ag Americanwyr fel Woody Guthrie, Lead Belly a Pete Seeger. Fe gymerodd Merêd yn ganiataol y byddai Moe Asch eisiau clywed enghreifftiau o ganeuon gwerin Cymraeg cyn bod unrhyw recordio yn cael ei wneud, felly aeth i stiwdio Folkways yn New Hope a dechrau canu. Ar ôl gorffen yr enghreifftiau, aeth yn ôl adref i Princeton ac aros i glywed am ddyddiad recordio. Pan ddaeth dim byd yn ôl gan Folkways, cysylltodd â'r cwmni a'r ateb a gafodd oedd, 'But that was the recording session and Moe is delighted with it!' Ar ddiwedd y flwyddyn cafodd y record, sef *Welsh Folk Songs*, ei gosod ymysg deg record orau'r flwyddyn gan y *New York Times*.

Un o'r athrawon a gafodd ddylanwad mawr ar Merêd yn ystod ei flwyddyn gyntaf yn Princeton oedd yr Athro Norman Malcolm. Cymerodd Merêd dan ei adain, yn academaidd ac yn bersonol, a'i wahodd i dreulio Thanksgiving gydag o a'i deulu. Roedd Malcolm wedi bod yn ddisgybl a ffrind agos i Ludwig Wittgenstein ac roedd o wrth ei fodd bod Merêd wedi dysgu ei ferch fach ddyflwydd oed i ateb y cwestiwn, 'Pwy yw'r athronydd mwya'n y byd?' gyda'r gair 'Wittgenstein'!

Roedd dau deulu lleol yn arbennig o bwysig i Merêd. Y cyntaf oedd cyd-fyfyriwr iddo yn yr Adran Athroniaeth a'i wraig, sef Allan ac Ellie Pasch, a ddaeth yn ail deulu iddo yn ystod y flwyddyn honno. Roedd Merêd, Phyllis ac Eluned yn deulu bach agos iawn o'r dechrau'n deg ac roedd gan Merêd hiraeth mawr am ei wraig a'i blentyn yn ystod y flwyddyn y bu'n rhaid iddynt fod ar wahân. Nid yn unig roedd Allan ac Ellie yn gallu cynnig nosweithiau o drafod eang a diddorol, ond hefyd gallent roi blas iddo ar fywyd cartrefol. Doedd hi ddim yn hiraeth i gyd, cofiwch. Un haf, penderfynodd Allan a Merêd arbed arian trwy wneud eu cwrw eu hunain. Doedd dim seler oer yn y tŷ i gadw'r poteli cwrw, felly rhoddwyd hwy yn yr unig gwpwrdd yn y tŷ, yng nghanol y *polish* a'r *bleach*. Yn anffodus, mae hafau Princeton yn tueddu i fod yn boeth a llaith, ac un noson, tra oedd Merêd yno, clywsant ffrwydriad aruthrol a gwelsant lwyth o ewyn gwenwynig yn llifo allan o dan ddrws y cwpwrdd. Roedd y poteli cwrw a'r deunydd glanhau wedi ffrwydro i gyfeiliant chwerthin afreolus y bragwyr dibrofiad.

Yr ail deulu oedd Elliot (El) a Kay Forbes a'u tair merch, Diana, Barbara a Susie. Cyfarfu'r ddau deulu yn ystod dyddiau Princeton, lle roedd El ar staff yr Adran Gerdd. Yn ddiweddarach, symudodd y ddau deulu i Cambridge, Massachusetts: Merêd i swydd fel darlithydd yn Adran Athroniaeth Prifysgol Boston yn 1955 ac El pan wnaed ef yn Athro yn Adran Gerdd Prifysgol Harvard yn 1958. Roedd El yn orwyr i Ralph Waldo Emerson ac roedd y teulu estynedig yn berchen ar ddwy ynys fechan gerllaw Cape Cod, sef Naushon a Nashawena. O ganlyniad, gwahoddwyd Merêd a'r teulu droeon i dreulio eu gwyliau haf gyda theulu El ar yr ynysoedd. Rhoddodd y gwyliau gyfle i Merêd a Phyllis ymlacio a threulio amser gyda'i gilydd, yn bell o fwrlwm bywyd Cambridge, yn cerdded, nofio, hwylio a mwynhau eu hunain yn gyffredinol. Roedd llawer o ganu a chwarae cerddoriaeth a phob math o hwyl a chwerthin.

Er mai cerddoriaeth ddaeth â'r ddau deulu at ei gilydd yn y lle cyntaf, roedd eu cyfeillgarwch oes yn seiliedig ar rannu gwerthoedd ehangach a pharch a chynhesrwydd. Rai blynyddoedd yn ddiweddarach, sgwennodd Merêd hyn am y cyfnod hwn: 'Yn ystod blynyddoedd Princeton, ymdrwythodd Phyllis a minnau ym mywyd cerddorol y Brifysgol.' Lledaenwyd gorwelion cerddorol Merêd gan yr ymdrwythiad hwn a chafodd gyfleoedd i ganu, a gwrando ar, ystod eang o gerddoriaeth – o fadrigalau oes Elisabeth i waith Erik Satie a George Gershwin. Er nad oedd Merêd erioed wedi dysgu darllen hen-nodiant gydag unrhyw rwyddineb (roedd yn well ganddo fo donic sol-ffa ei blentyndod), roedd ei glust gerddorol yn arbennig o dda a gallai godi llinell o gerddoriaeth trwy wrando arni'n unig. Roedd ganddo, hefyd, ddawn naturiol i greu harmoni i unrhyw dôn – rhywbeth a arhosodd gydag o hyd y diwedd.

Un o'r pleserau mwyaf ym mywyd Merêd, nid yn unig yn

Princeton ond yn ystod yr holl flynyddoedd yn America, oedd y cyfle gafodd o a Phyllis i ddatblygu rhaglen gerddorol eang y medrent ei chanu gyda'i gilydd. Gofynnid yn aml iddynt gyflwyno nosweithiau cerddorol i gymdeithasau a grwpiau gwahanol ac yn raddol ehangwyd y stoc o ganeuon i gynnwys rhai o lefydd fel Israel, Sumatra, Siapan, Rwsia, Yr Alban, Iwerddon ac, wrth gwrs, Cymru. Roedd gan y ddau lyfr bach du fyddai'n mynd gyda nhw i bob cyngerdd, ac oedd yn cynnwys y caneuon i gyd, er mwyn iddyn nhw fedru ymarfer y rhaglen ar gyfer y noson yn y car ar y ffordd. Byddai Eluned yn mynd gyda nhw'n aml ac yn ymuno yn rhai o'r caneuon – fersiwn Gymreig (ond ychydig bach yn llai efallai) o'r Von Trapps!

Uchafbwynt blwyddyn y gymuned Gymraeg Americanaidd oedd Dydd Gŵyl Dewi. Un Dydd Gŵyl Dewi bythgofiadwy aeth Merêd a Phyllis i Efrog Newydd i weld dau Gymro ar Broadway: Richard Burton yn *Time Remembered* gan Jean Anouilh yn y prynhawn, a Hugh Griffith yn *Look Homeward, Angel* gan Thomas Wolfe gyda'r nos. Ar ôl y perfformiad aeth Merêd, Phyllis a Huw T. Edwards i barti a drefnwyd gan Richard Burton a Hugh Griffith. Yn ei llythyr Nadolig y flwyddyn honno, sgwennodd Phyllis,

One of the memories I shall always cherish is that of seeing the open-mouthed astonishment of such stage notables as Ricardo Montalban and Robert Preston when the Welshmen present started singing Welsh hymns with fervour and nostalgia. I should imagine that hymns in *any* language would be somewhat esoteric fare for a Broadway supper party.

Ffrind agosaf Merêd yn Cambridge oedd Tom Haas, cynhyrchydd teledu ifanc. Ef oedd yn gyfrifol am gyflwyno Merêd i Arthur Miller a Marilyn Monroe. Roedd dau ffrind iddo, Jason Robards Jr a'r actor Gwyddelig Siobhán McKenna, yn perfformio yn *Macbeth* yn theatr awyr-agored Cambridge yn 1958. Fel mae'n digwydd, roedd Arthur Miller a'i wraig ar y pryd, Marilyn Monroe, wedi bod yng Ngholeg Wellesley yn y prynhawn, yn gweld perfformiad o ddrama Miller, *A View from the Bridge*. Ar ôl y perfformiad, penderfynodd Miller a Monroe fynd i weld *Macbeth* ac, wrth gwrs, gwahoddwyd y ddau i'r parti ar ôl y sioe yn yr ystafell werdd. Gwahoddwyd Tom a Merêd i'r parti hefyd ac yn ystod y noson roedd Merêd a Miller yn cael hwyl yn trafod *A View from the Bridge*. Wrth siarad gydag Eluned, flynyddoedd wedyn, roedd Merêd yn cofio bod Marilyn Monroe yn 'ferch ddymunol iawn' ac yn hollol naturiol, ond ei bod hi yng nghysgod Arthur Miller yn llwyr ac mai fo oedd yn arwain y drafodaeth. Ychydig ddyddiau wedyn aeth Tom i dŷ Merêd a dangos ffilm o gyfweliad a wnaeth gyda Monroe. Roedd ei pherfformiad hi'n ddiddorol iawn ac yn wahanol iawn i noson y parti, yn enwedig pan adawodd hi i strap ei ffrog lithro oddi ar ei hysgwydd!

Yn ystod y blynyddoedd yn Cambridge, croesawyd nifer fawr o ymwelwyr o Gymru, ac mae'r amrywiaeth yn dangos pa mor eang oedd diddordebau a chysylltiadau Merêd. Roeddent yn cynnwys yr Athro Hywel D. Lewis, Hywel Hughes (Bogota), Emlyn Williams a Gwynfor Evans. Yn ogystal â'r ymwelwyr, rhoddodd y teulu loches am ryw chwe mis i ddau fachgen oedd wedi ffoi o Hwngari ar ôl methiant y Gwrthryfel yn 1956. Ar adegau, roedd cartref y teulu yn Cambridge yn teimlo'n debycach i gangen o'r Cenhedloedd Unedig, ond roedd Merêd yn ei elfen, ac fe ddylanwadodd y profiad yn fawr iawn arno wrth weld yr holl ddiwylliannau gwahanol yn dod at ei gilydd.

Cymerodd ddiddordeb yng ngwleidyddiaeth America yr holl amser y buodd o'n byw yno, a gwelodd, yn y fan a'r lle, yr effaith gafodd y rhyfel yn Korea a'r bwganod a godwyd gan McCarthyism ar fywyd gwleidyddol America. Yn ei lythyrau at Phyllis o Princeton yn ystod y flwyddyn gyntaf honno, soniai'n aml am y sefyllfa wleidyddol, yn enwedig yng nghyswllt Etholiad Arlywyddol 1952 rhwng Dwight D. Eisenhower (Gwer.) ac Adlai Stevenson (Dem.). Roedd o'n gobeithio y byddai Stevenson yn ennill a chredai y byddai'n gwneud Arlywydd arbennig o dda. Yn anffodus, Eisenhower enillodd gyda mwyafrif ysgubol. Ond erbyn i'r teulu adael America yn 1960, roedd gobeithion Merêd wedi codi unwaith eto, a'r ymgeisydd y tro hwnnw oedd Seneddwr lleol, dyn ifanc o'r enw John Fitzgerald Kennedy.

Tra oedd yn dysgu ym Mhrifysgol Boston, roedd Merêd yn ffrindiau gyda dyn ifanc Affro-Americanaidd o'r enw Eric Lincoln, oedd yn gwneud Doethuriaeth mewn Moeseg Gymdeithasol yn yr Adran Athroniaeth. Roedd Eric yn ddyn arbennig o ddawnus oedd yn cyfrif Martin Luther King Jr a Malcolm X ymysg ei ffrindiau. Aeth ymlaen i fod yn Athro Emeritws Crefydd a Diwylliant ym Mhrifysgol Duke yng Ngogledd Carolina. Roedd Merêd wedi gwneud ffrindiau gyda nifer o ddynion Affro-Americanaidd ymysg y dosbarth gweithiol yn ystod ei amser yn Princeton, ond dylanwadodd ei gyfeillgarwch gydag Eric Lincoln, ar adeg y frwydr ffyrnig dros hawliau sifil i'r bobol groenddu (fel y gelwid hwy ar y pryd), yn barhaol ar Merêd. Roedd y ddau'n cadw mewn cysylltiad â'i gilydd nes i Eric farw yn 2000.

Roedd bywyd yn Cambridge yn brysur a chyffrous, yn gymdeithasol ac yn academaidd. Cafodd Merêd lawer o fwynhad wrth dddysgu ym Mhrifysgol Boston a dywedodd yn ddiweddarach, 'My fellow lecturers and professors were the finest colleagues I ever had.' Roedd o'n gyfeillgar iawn gyda'r myfyrwyr yn y Coleg Astudiaethau Rhyddfrydol lle roedd yr Adran Athroniaeth, ac o 1956 nes iddo adael yn 1960, fo oedd Swyddog Cyswllt Myfyrwyr y Gyfadran ar bapur newydd y coleg, ac roedd hyn yn ei gadw mewn cysylltiad cyson â bywyd y myfyrwyr. Credai fod yr anrhydedd fwyaf un wedi dod i'w ran pan etholwyd o gan y myfyrwyr i gyd yn Ddarlithydd Gorau'r Flwyddyn yn 1957. Roedd o'n fwy balch o hynny nag unrhyw beth arall yn ystod ei amser ym Mhrifysgol Boston.

O'r holl bobol yn ei fywyd, heb os nac oni bai, Phyllis oedd y dylanwad pwysicaf ar Merêd, yn enwedig yn ystod ei flynyddoedd yn America. Heb ei chefnogaeth a'i chefndir proffesiynol hi, mae'n amheus a fyddai o wedi dod i werthfawrogi ac ymafael ag amrywiaeth mor eang o gerddoriaeth; mae'n bosibl na fyddai ei gysylltiadau cymdeithasol wedi bod mor amrywiol a diddorol; ac yn bendant, fyddai o ddim wedi cael cymaint o hwyl – ac, mae'n amlwg, fe gafodd o hwyl. Roedd o'n dibynnu'n aml ar Phyllis i fod yn rhyw fath o *sounding board* iddo pan fyddai o'n ceisio ymgodymu â rhyw broblem athronyddol, ac mae'n amlwg iddo fwynhau'r ymrysonau hynny. Phyllis greodd gartref iddo; pwynt sefydlog yn ei fywyd oedd yn caniatáu iddo fynd allan i chwilio'r byd newydd hwn. Yn wir, hebddi hi, mae'n amheus iawn a fyddai o wedi meddwl mynd i America yn y lle cyntaf.

Yn 1960, cafodd Merêd y cyfle i ddod yn ôl i Gymru i weithio, fel darlithydd, yn Adran Efrydiau Allanol Prifysgol Gogledd Cymru, Bangor. Ar ôl pendroni a thrafod yn hir gyda Phyllis, penderfynodd dderbyn y cynnig a dod yn ôl i'w famwlad. Doedd y penderfyniad ddim yn un mor syml i Phyllis ac Eluned, ond ar 5 Gorffennaf 1960, ffarweliodd y tri â'u teulu a'u ffrindiau a hwylio ar yr *Empress of France* i Lerpwl ac i bennod newydd yn eu hanes.

Arloeswr y Byd Pop Cymraeg

Huw Jones

Un o'r sesiynau recordio mwyaf pleserus a di-lol y bûm i'n eu goruchwylio pan oeddwn i'n un o gyfarwyddwyr Sain yng nghanol y 70au oedd honno pan ddaeth Triawd y Coleg yn ôl at ei gilydd i ailrecordio casgliad o'u caneuon unigryw o'r 40au a'r 50au cynnar.

Roedd y cydgordio diymdrech, y briodas gerddorol gyda'r cyfeilyddion Maimie Noel Jones a T. Gwynn Jones a'r ffaith bod y lleisiau cyfoethog eu hunain heb newid dim yn golygu ei bod hi'n fwy fel pe bawn i'n cael y fraint o fod yn bresennol mewn aduniad teuluol nag mewn sesiwn recordio.

Roedd yma artistiaid wrth eu gwaith, ond roeddwn i hefyd yn gallu gweld 'mod i ym mhresenoldeb sêr byd pop cyfnod arall – 'selébs' falle y byddai rhywun yn ei ddweud y dyddiau yma – a Merêd, er mor ddiymhongar ac mor gynnil ei arweiniad, yr amlycaf ohonynt.

Byddai'r rhan fwyaf o bobl wedi dweud bod y byd pop Cymraeg yn olrhain ei ddarddiad yn ôl i'r 60au – at y Pelydrau, y gwahanol 'Hogia', Tony ac Aloma neu'r Blew efallai. I mi, roedd hi wastad yn amlwg bod y traddodiad yn mynd yn ôl i Driawd y Coleg yn y 40au a'r 50au. Record 78rpm y Triawd oedd un o'r ychydig rai dwi'n cofio eu clywed ar hen gramoffon fy nhad, ac roedd yna gopi *sheet music* o 'Beic Peni-ffardding fy Nhaid' y tu mewn i stôl ein piano. Wrth wrando ar recordiadau o *Noson Lawen* radio'r 40au roeddwn wedi clywed yr ymateb afieithus gan gynulleidfa, ac mi ges i awgrym cynnil ond clir gan fy mam fod myfyrwyr benywaidd Bangor y cyfnod yn gweld Merêd fel tipyn o *pin-up*, a dweud y gwir.

Ac yma, yn Neuadd y Penrhyn yn 1972, roeddwn i'n cael profi'r hen wefr honno drosof fy hun.

Heb dynnu dim oddi ar ei gariad a'i ymroddiad at ganu gwerin, roedd Merêd yn arloeswr pellgyrhaeddol ei ddylanwad ar yr holl fyd pop Cymraeg. Mae'r casgliad o ganeuon ar y record hir a recordiwyd gan y Triawd yn Neuadd y Penrhyn y diwrnod hwnnw yn un rhes o berlau celfydd a phoblogaidd – pob un gyda nodweddion y gân bop berffaith: ei bod yn hawdd ei deall, yn cyffwrdd â theimladau, yn bleser i'r glust ac yn gofiadwy. A gwaith Merêd oedd y rhan fwyaf.

Yr hyn a geir yn y casgliad drwyddo draw ydi darlun hyfryd, optimistaidd, diniwed bron, ond hynod o ddeniadol, o gymdeithas wledig-ddiwydiannol yn blodeuo unwaith eto wedi gaeaf llwm yr Ail Ryfel Byd, ac yn rhyfeddu at y gallu i fwynhau pleserau traddodiadol a rhyfeddodau newydd y cyfnod.

Ymhell cyn i Dafydd Iwan ac Edward greu paradwys dychmygol Cwm-Rhyd-y-Rhosyn, roedd Merêd wedi darlunio Cwm-Rhyd-y-Corcyn ac wedi dilyn ei *brass band* o gwmpas y pentref. Roedd o wedi treulio haf yn preswylio ger y lli yn y 'Garafán Fechan Goch a Melyn' (rhywbeth y bu iddo ef ei hun ei wneud, yn ôl pob sôn, yn Aberdesach, ger Clynnog Fawr); ac wedi codi gwên gan y trigolion wrth yrru o gwmpas yn ei 'Gar Bach Del', gyda 'Nain tu fewn i'r dici'n swel' (sêt gefn yn sticio allan o'r gist yng nghefn y car oedd y *dicky* – dychmygwch!).

Mi allech ddweud bod y rhyddid newydd i deithio'n eang yn dipyn o atynfa ganddo, oherwydd fe gawsom hefyd glod i rinweddau'r 'Tandem', ynghyd â champau'r 'swperbeic' cyntaf – yr enwog Beni-ffardding.

Mae hud a lledrith byd plentyndod yn agos iawn hefyd – lle hapus iawn ydi'r Buarth lle mae'r Triawd yn byw, gyda'i 'fwmw, me-me, cwac-cwac' yn diddanu plant hyd heddiw. Ac ar ôl gofyn 'Wyddoch chi be sydd yn digwydd, pan fo llygaid bach ynghau?' fe gawn stori swreal, ar alaw gyfareddol, yn disgrifio'r teganau i gyd yn dod yn fyw yn ystod y nos i chwarae a gwneud campau – yn wir, gallai'r gân yma fod yn drac sain ar gyfer straeon *Teulu'r Cwpwrdd Cornel* o'r un cyfnod.

Wrth gwrs, roedd yna ferched yn y caneuon yma – niferus, a dweud y gwir, o 'Mary Jane' i Marged yn y garafán fechan a 'Bet Troed-y-Rhiw'. Roedd 'na un arall ar gefn y tandem, mae'n siŵr, ond yr hyfrytaf o'r caneuon serch ydi'r gân o fawl i ddedwyddwch priodasol – does yna neb yn y byd yn rhagori ar 'Nelw'r Felin Wen'.

Dim sôn am wleidyddiaeth nac iaith, sylwch. Nid dyma'r amser i hynny. Doedd gwleidyddiaeth y blynyddoedd diweddar ddim yn rhywbeth i ganu yn ei gylch, ac roedd Cymreictod y pentre'n dal yn ddiogel, bid siŵr. Mewn man arall, ceir cân na fyddai'n pasio'r prawf gwleidyddol dderbyniol heddiw, sef 'Arabiaid', sy'n sôn am syfrdandod Dada Ali-Baba wrth weld y newidiadau ddaeth gyda'r byd modern i'w gartref yn y Sahara – o'r *'permanent wave'* i'r *'jitterbug'*. Hwyliog, doniol a digon diniwed, ond yn adlewyrchu'r ffaith mai rhywle pell a dieithr iawn oedd y Dwyrain Canol a'i drigolion i gynulleidfa Neuadd y Penrhyn y cyfnod hwnnw.

Ond roedd yna ddylanwadau estron eraill mwy creiddiol, ac yn y gerddoriaeth mae rheiny i'w gweld. Er gwaethaf ei gariad at ganu gwerin traddodiadol, nid ceisio creu caneuon gwerin newydd oedd bwriad Merêd. Roedd yr harmonïau clòs a'r rhythmau bywiog ac amrywiol yn amlwg yn frith o ddylanwadau cerddoriaeth boblogaidd America. Caneuon ar gyfer 'heddiw' oedd y rhain. Pethau, mae'n debyg, i'w mwynhau ar y funud, a'u taflu i ffwrdd wedyn falle. Roedden nhw'n hawdd eu sgwennu, on'd toedden nhw – os oeddech chi'n digwydd bod yn athrylith, fel Merêd.

Ond fel yn achos pob cân werin erioed, lle mae gwreiddioldeb y creu a dawn gerddorol oesol y cyfansoddwr yn sicrhau bod cân bop un cyfnod yn cael ei hailganu a'i hailddehongli ar draws y blynyddoedd nes dod yn rhan o'r dreftadaeth, fe ddaeth ac fe ddaw yr un peth yn wir am rai o'r gweithiau ffwrdd-â-hi, ymddangosiadol arwynebol yma o law gelfydd Merêd.

55

Does dim amheuaeth nad oedd o'n hollol ymwybodol o rym a gwerth canu poblogaidd cyfoes. Dwi'n cofio ei ateb o i gwestiwn gan ohebydd o Sweden ynglŷn â gwerth cadw traddodiad yn wyneb dylanwadau diwylliannol estron grymus, a gwerth cymharol cadw traddodiad pur yn erbyn creu o'r newydd.

'Mae pob cenhedlaeth,' medde fo, 'yn darganfod ei chywair ei hun.' 'Idiom' oedd y gair ddefnyddiodd o yn y cyfweliad Saesneg yna. Hynny yw, iddo fo roedd pob cenhedlaeth yn ei thro yn mynd trwy broses debyg o fod yn agored i ddylanwadau creadigol o'r gorffennol ac o'r presennol, gan gynnwys rhai rhyngwladol a thramor. Mae pob cenhedlaeth, os yw diwylliant yn dal yn fyw, yn cynhyrchu unigolion sy'n cael eu gyrru gan eu doniau creadigol personol i fynegi eu profiad a'u teimladau trwy greu caneuon sy'n tynnu ar y ffurfiau cyfoes y maen nhw eu hunain yn eu mwynhau yn ogystal â'r hyn sy'n rhan o'u cynhysgaeth yn sgil eu magwraeth.

I Merêd, felly, doedd yna ddim gwrthdaro o fath yn y byd rhwng ei awch i ddarganfod, cyflwyno, egluro a lledaenu gwybodaeth am gyfoeth canu gwerin Cymru a'i awydd i ddiddanu cynulleidfaoedd gydag adloniant hawdd-mynd-ato, ond wedi ei greu a'i gyflwyno gyda gofal a chrefft. Dyna'n union oedd yn nodweddu cynnyrch yr Adran Adloniant Ysgafn y bu'n gyfrifol amdani o fewn BBC Cymru ar ddiwedd y 60au a dechrau'r 70au.

I mi, tydi hi ddim yn rhyfedd o gwbl mai un o raglenni mwyaf hirhoedlog cyfnod Merêd yn y BBC oedd y gyfres canu pop *Disc a Dawn*. Roedd y gyfres bwysig yma, oedd yn cael ei darlledu'n fyw bob nos Sadwrn, yn agos at yr oriau brig, ar brif sianel y BBC yng Nghymru, nid yn unig yn rhoi llwyfan i ganu poblogaidd o bob math, roedd hefyd yn sbardun i gyw-gantorion a chyfansoddwyr fynd ati i gyfansoddi. 'Sgwennwch rywbeth difyr a gwreiddiol, a dach chi'n fwy tebyg o gael bod ar y rhaglen', oedd y neges nad oedd angen ei llefaru. Roedd y rhaglen hefyd yn denu nifer dda o berfformwyr di-Gymraeg dawnus, fel yr Hennessys, i ddod o hyd i fersiynau Cymraeg

Y tŷ drws nesaf i Siop Chapman yn Llanegryn lle ganwyd Merêd ar 9 Rhagfyr 1919. Fe'i ganwyd yn yr ystafell sydd â'i ffenestr ar agor.

Merêd yn dair oed yn sefyll o flaen drws Bryn Mair yn Nhanygrisiau.

Y teulu gyferbyn â Bryn Mair yn 1926. O'r chwith: Francis (Frank), ei frawd; Charlotte, ei fam; Richard, ei dad; John (Jac), ei frawd; ac Ifan G., ffrind i'r teulu. Merêd yw'r un efo'r bat criced!

Merêd a'i chwaer a dau o'i frodyr. O'r chwith: David (Dei), Elizabeth (Lizzie), William (Wil) a Merêd yn y canol.

Côr Plant Tanygrisiau tua 1930. Merêd yw'r ail o'r chwith yn y rhes flaen.

Charlotte a Richard Evans, rhieni Merêd, yn sefyll yn nrws Bryn Mair rywbryd yn y 30au.

Tystysgrif gadael ysgol Merêd yn 14 oed.

Tîm pêl-droed Tanygrisiau, y 'Tanygrisiau Thursdays', gyda Merêd yn y canol yn dal y bêl. Tynnwyd y llun rywbryd yn y 30au.

Meurig Williams (cyd-weithiwr yn y Coparét) a Merêd gyda Dafydd Barbwr a Smei Bach (Simeon Jones), dau frawd, tua 1938 neu 1939.

Cledwyn Jones, Merêd, Henry Aethwy Jones ac Eric Roberts ym Mangor yn 1945.

'Os Mates – Mates!' Arwyddair ac arfbais ar gefn llun o Cled, Merêd, Aethwy ac Eric o ddyddiau Triawd y Coleg, 1945.

Tîm pêl-droed
Prifysgol Bangor
yn 1946. Merêd
yw'r ail o'r chwith
yn y rhes ganol,
gyda Cled yn y
rhes flaen.

Merêd yn ystod ei
dymor fel Llywydd
Myfyrwyr Prifysgol
Cymru 1946–47.

Triawd y Coleg
– Cledwyn Jones,
Merêd a Robin
Williams – yn
Eisteddfod Bae
Colwyn, 1947.

Merêd (chwith) gydag aelodau o'i ddosbarth athroniaeth yng Ngholeg Harlech, diwedd y 40au.

Merêd a Phyllis yng Nghastell Harlech yn Chwefror 1948, ychydig cyn iddynt briodi.

Bron Castell, Harlech, lle roedd Merêd, Phyllis ac Eluned yn byw tan 1950.

Noson Lawen anffurfiol ar y *Queen Elizabeth* gydag aelodau Cymraeg o'r criw, ar y ffordd i America. O'r chwith: 'Dai' Williams, Merêd a Maurice Roberts.

Merêd a John Roberts Williams yn ceisio cael golygfa dda o orymdaith Gorsedd y Beirdd yn Eisteddfod Llanrwst, 1951.

Merêd gyda thri o breswylwyr ifanc ar ynys Adventure Island yn Green Bay, Wisconsin tua 1953. Roedd yr ynys yn perthyn i ewythr Phyllis ac yn cael ei rhedeg fel gwersyll haf i fechgyn difreintiedig o ardal Chicago.

Lois a Jim Kinney gyda'u merch Phyllis, Eluned a Merêd yn Pontiac yn ystod blwyddyn gyntaf Merêd yn Princeton.

Merêd, Phyllis ac Eluned yn Princeton yn 1954.

Car Americanaidd cyntaf Merêd a Phyllis yn 1954. Roedd Merêd yn falch iawn o'r car hwn.

Merêd, Phyllis ac Eluned ar Nashawena gyda Manny Sarmento, a oedd yn edrych ar ôl y fferm ar yr ynys.

Merêd a Phyllis yn nhŷ Jim a Lois Kinney, ger Jump-Off Rock, yng Ngogledd Carolina, tua 1958.

Merêd, Phyllis ac Eluned yn sefyll o flaen cerflun yn coffáu dechrau Rhyfel Annibyniaeth America.

Merêd a Phyllis yn y Waldorf Astoria yn Efrog Newydd gyda Huw T. Edwards, Hugh Griffith ac eraill yn 1957.

Merêd yn canu gyda Phyllis yn y tŷ yn Cambridge, Mass., yn 1958.

Merêd yn dysgu myfyrwyr yn ei ddosbarth Rhesymeg ym Mhrifysgol Boston yn 1959. Yn 1957 cafodd ei ddewis yn Ddarlithydd Gorau'r Flwyddyn gan y myfyrwyr i gyd.
(Llun: Prifysgol Boston)

In this issue:
EDUCATION: What Direction?
A New Look at Sargent
Inside a Logic Class

BOSTONIA

Clawr cylchgrawn Prifysgol Boston, 1959. Dywedodd un o fyfyrwyr Merêd wrth sôn amdano fel athro: 'It's like going to a play – there's an air of expectancy. You never know what extraordinary point he's going to make, or what ordinary point in an extraordinary way...'
(Llun: Prifysgol Boston)

Y teulu ar long yr *Empress of France* yn dychwelyd i Gymru o America yn 1960.

Charlotte Evans, mam Merêd, ychydig flynyddoedd cyn iddi farw yn 1965.

Merêd efo'i fam, Charlotte, a Jess y ci ym Mhorthaethwy, flwyddyn ar ôl i'r teulu symud yn ôl i Gymru.

Merêd a Phyllis yng nghwmni Margaret Williams a'i gŵr Geraint a Derek Boote yn nyddiau'r BBC.

Merêd a Margaret Price yn gwneud rhaglen gyda Mike Hudson yn Nhachwedd 1965.
(Llun: Gwilym Livingston Evans)

Cyfranwyr i un o raglenni Merêd. Ymysg y cyfranwyr mae Alan Stivell ar y delyn a Dafydd Iwan ac, ar yr ochr gynhyrchu, mae Margaret Price a Rhydderch Jones ymysg llu o bobl eraill.

Y DINESYDD

RHIF. 1 EBRILL 1973

Papur Lleol i Gaerdydd A'r Cylch

Mae bron i flwyddyn wedi mynd heibio ers y cyfarfod cyntaf a gynhaliwyd i drafod y posibilrwydd o gyhoeddi papur newydd lleol Cymraeg fyddai'n gwasanaethu Caerdydd a'r cylch. Penderfynodd y cyfarfod cyntaf hwnnw fod angen gwirioneddol am bapur o'r fath fyddai'n adlewyrchu'n llawn fywyd Cymraeg y rhan yma o Gymru. Aethpwyd ati'n frwdfrydig i ymchwilio i bosibiliadau'r papur ac i geisio datrys y problemau fyddai'n gwynebu'r fenter. Rai degau o bwyllgorau'n ddiweddarach ac ar ôl llythyru parhaus, wele rifyn cyntaf Y Dinesydd', yr unig bapur lleol dinesig Cymraeg yn y byd, mae'n debyg. Ychydig o bapurau lleol Cymraeg sy'n bodoli yng Nghymru bellach oherwydd yr anawsterau mawr sydd ynglŷn ag unrhyw gyhoeddiad a chylchrediad bychan, yn enwedig felly gan nad oes modd cael unrhyw gymorth ariannol tuag at gyhoeddi fel sy'n digwydd gyda llawer o'n llyfrau a'n cylchgronau. Mae hyn yn drueni oherwydd fe ddylid cael rhwydwaith o bapurau lleol Cymraeg drwy Gymru gyfan, wedi'r cyfan onid adlewyrchiad o fywyd Cymraeg sy'n ffynnu yw papur lleol?

Yn ddiamau, mae Cymry'r Brifddinas a'r ardaloedd cyfagos yn weithgar iawn ac mae'n syndod gymaint o weithgareddau Cymraeg sy'n digwydd ynglŷn â'r eglwysi, y capeli a'r holl wahanol gymdeithasau. Mae'r ysgolion Cymraeg yn gwneud gwaith pwysig a'r ysgolion meithrin yn lluosogi o flwyddyn i flwyddyn. Bydd 'Y Dinesydd' yn gwasanaethu'r holl weithgareddau yma, ac yn cefnogi unrhyw ymgais greadigol i geisio cyfoethogi'r bywyd Cymraeg ac i ddod a'r Cymry Cymraeg yn nes at ei gilydd. Hoffem bwysleisio hefyd nad yw'r papur yn gysylltiedig a'r un blaid wleidyddol.

Croesawn adroddiadau o'r eglwysi a'r capeli, ac o'r cymdeithasau; ni fydd gwell llwyfan i roi cyhoeddusrwydd i gyfarfodydd na'r Dinesydd oherwydd fe ddosberthir y papur mewn cylch sy'n ymestyn at, a chan gynnwys, Caerffili yn y gogledd, Llaneirw yn y dwyrain a draw tuag at y Barri a Phenarth yn y gorllewin. Yn anffodus, bu'n rhaid gadael nifer o erthyglau allan o'r rhifyn cyntaf, (yn cynnwys nodiadau o'r eglwysi a'r capeli, oherwydd roedd yn amhosib dod i gysylltiad a phawb; felly er mwyn tegwch, penderfynwyd aros nes i'r rhifyn cyntaf ymddangos, ac yna cyhoeddi yr hyn a dderbynir wedi hynny. Yn naturiol ni allwn gyhoeddi pwy sy'n pregethu ymhob capel neu eglwys bob Sul, ond yn hytrach disgwyliwn wybodaeth am gyfarfodydd arbennig).

Gan nad ydym yn gwerthu'r papur, rhaid rhoi cryn bwyslais ar hysbysebion. Os gwyddoch am rywun fyddai a diddordeb mewn hysbysebu neu os byddwch eich hunain am brynu a gwerthu, dowch i gysylltiad a—

David Meredith Ysw.,
9 Heol Cyfeiliog.
Pontcanna

Mewn unrhyw fenter o'r fath mae angen dirfawr am arian ac er y byddwch yn derbyn eich copiau yn rhad ac am ddim, mae disgwyl ichi gyfrannu'n rheolaidd neu danysgrifio.

Ar ôl hyn o druth, pob hwyl ar yr ysgrifennu, a phob hwyl ar y darllen a chofiwch pob hwyl ar gyfrannu.

Norman Williams,
Golygydd y Dinesydd,
44 Heol y Nant,
Rhiwbeina

CANT OED

Yn ystod mis Mawrth fe ddathlodd Cymro Cymraeg o Gaerdydd ei benblwydd yn gant oed. Mae Mr. J. S. Jones yn enedigol o ardal Crymych yn Sir Benfro, ond gadawodd y fro honno yn ŵr ifanc i ddilyn ei grefft fel teiliwr yn Ferndale, ac yno daeth yn ŵr busnes blaenllaw.

Yn y dau-ddegau ymddeolodd o'r busnes a symudodd ef a'i deulu i fyw yng Nghaerdydd. Yn ystod y blynyddoedd diwetha rhannai ei gartref yn Dorchester Avenue gyda'i ferch, Mrs. Betty Rees. Ond ers wythnosau bellach mae yn Nghartref Nyrsio Tŷ Gwyn, yn Stanwell Road, Penarth.

Mae Mr. Jones yn aelod o Gapel yr Annibynwyr ym Minny Street ac yn ddiacon er 1936. Y capel, ers blynyddoedd mawr, fu canolbwynt ei fywyd, a'i lu cymwynasau i'w gyd-aelodau yn ddihareb yn eu plith. Y mae wedi cadw ar hyd y blynyddoedd yn heini ac yn eithriadol o ifanc ei ysbryd.

Ar ei ganfed penblwydd roedd pawb a'i hadwaenai yn dymuno'n dda i'r gŵr bonheddig annwyl a charedig a oedd wedi ennill lle arbennig iawn yn eu calonnau.

Gobeithir cyhoeddi, weithiau, yn y Dinesydd, hanes go diddorol am unigolion sy'n byw yn yr ardal. Hynny yw pobl gyda diddordebau gwahanol i'r arferol, neu bobl sydd hwyrach wedi gwneud rhywbeth anghyffredin, neu wedi ymweld â rhywle go arbennig. Os gwyddoch am rywun a hanesyn diddorol yn ei gylch, dowch i gysylltiad â ni.

Clawr y rhifyn cyntaf o'r *Dinesydd* a gyhoeddwyd yn 1973.
(Llun: Y Dinesydd)

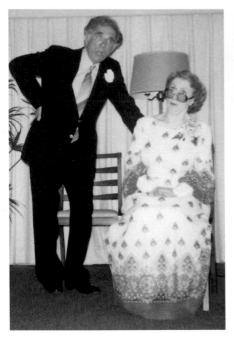

Phyllis a Merêd yn canu deuawd mewn cyngerdd yn Carolina Village yn ystod ymweliad â Jim a Lois Kinney yn yr Unol Daleithiau rywbryd yn y 70au.

Merêd ac Elfed Lewis yn canu ger Ystrad Fflur yn ystod pererindod a drefnwyd gan Gymdeithas y Cymod, tua 1977.
(Llun: Ian Huws)

Swyddogion Pwyllgor Cymdeithas Alawon Gwerin Cymru yn Llanbedr Pont Steffan ym Medi 1975. O'r chwith: Buddug Lloyd Roberts, Frances Môn Jones, Emrys Cleaver, Emrys Bennett Owen, Kitty Idwal Jones, Merêd, Roy Saer ac Alun Davies.
(Llun: Ron Davies)

o'u caneuon er mwyn cael bod arni, a byddai Merêd ei hun hyd yn oed yn mynd ati, law yn llaw â phobl fel Rhydderch Jones, i gyfieithu neu addasu caneuon y grwpiau hyn i'r Gymraeg er mwyn eu cyflwyno ar y rhaglen.

Roedd yn gwybod yn iawn fod canu pop yn rhan bwysig o ddiwylliant cyfoes cenedl, roedd o'n gweld bod yna ganu poblogaidd oedd yn gallu llenwi neuaddau ar hyd a lled y wlad, ac fe wnaeth yn siŵr fod y rhan o'r gwasanaeth teledu cenedlaethol roedd o'n gyfrifol amdani yn gwneud yn fawr o'r cyfle i fod yn llwyfan i greadigrwydd byrlymus newydd y cyfnod.

Fel bachgen ifanc gafodd rywfaint o ymwneud â'r Adran yn ystod y cyfnod hwnnw, y cof sydd gen i ydi o'i ddylanwad, ei lais a'i egni – yn y cefndir cyn belled ag roeddwn i yn y cwestiwn, ond yn treiddio trwy bob dim hefyd. Y *charisma* anhygoel yna, yr angerdd, yr argyhoeddiad a'r afiaith, ac, wrth gwrs, y ffaith amlwg ei fod o'n gwybod am be oedd o'n sôn cyn belled ag roedd cerddoriaeth yn y cwestiwn. Pan glywais i ei fod o wedi penderfynu gadael y BBC, doeddwn i ddim yn deall y peth – roeddwn i y tu allan i'r cylchoedd cyfrin – ond fe wyddwn i y byddai yna wahaniaeth ac y byddai yna fwlch, waeth pa mor dda fyddai'r rhai fyddai'n dod ar ei ôl.

Yr hyn na wyddwn i ar y pryd oedd bod gan Merêd, wrth gwrs, oherwydd yr union rinweddau yna, y gallu i fod yr un mor ddylanwadol, mewn ffyrdd eraill, yn y blynyddoedd fyddai'n dilyn.

Y Pennaeth

Hywel Gwynfryn

'Fe ysbrydolodd Merêd ddyfodol nifer o bobol dros genhedlaeth gyfan, heb sôn am roi sail i orsaf deledu yn y pen draw. Oherwydd fyddai gynnon ni ddim S4C oni bai am y gwaith caled a wnaeth Merêd.' Geiriau cyn-reolwr BBC Cymru, y diweddar Geraint Stanley Jones. Ac fe wn i o'r gorau nad gorganmoliaeth ydi geiriau Geraint, oherwydd roeddwn i yno ar y dechrau, yn 1964, pan ddechreuodd Merêd ar y dasg o sefydlu Adran Adloniant Ysgafn newydd sbon i'r BBC yng Nghymru. Mae'n wir dweud bod Merêd, yr ysbrydolwr, wedi cael ei ysbrydoli yn ei dro gan ei fentor yntau, Sam Jones, un o brif arloeswyr radio ym Mangor flynyddoedd ynghynt. Yng ngeiriau Merêd ei hun, 'Dysgais fwy oddi wrth Sam Jones am grefft a thechneg perfformio na neb arall. Roedd gweld Sam yn gweithio yn hyfforddiant ynddo'i hun. Fy uchelgais yw gwneud cystal gwaith ar deledu ag a wnaeth Sam Jones ar y radio.' Ac fe wnaeth hynny – a rhagor. Yn ei lyfr cynhwysfawr, sy'n adrodd hanes datblygiad darlledu ym Mangor, dan arweiniad Sam, mae R. Alun Evans yn dadansoddi ei gymeriad. Gallai yr un mor hawdd fod yn disgrifio Merêd:

> Roedd Sam yn athrylith cyn belled ag roedd deall dymuniad y gwrandawyr yn bod. Roedd Sam yn ddyfeisgar, yn darparu'n dda, ac yn disgwyl yr un brwdfrydedd gan ei artistiaid â'i frwdfrydedd heintus ei hun. Arian byw o ddyn, weithiau'n wyllt ac yn gynhyrfus, ond trwy'r cwbwl yn gynhyrchydd roedd pob perfformiwr yn ymddiried ynddo... Yr oedd yn eilun i'r rhan honno o'r genedl a oedd yn siarad Cymraeg, ac i nifer fawr yn y

proffesiwn a eisteddodd wrth ei draed ac a gafodd y fraint o ddilyn ei gefnogaeth... Oddimewn i gyfundrefn deuluol y gweithredai Sam Jones [fel Merêd]. Yr oedd o'n disgwyl teyrngarwch diamod ac roedd cael gwneud rhaglenni i Sam [fel i Merêd] yn beth personol.

Gweithio i Merêd roeddem yn y dyddiau cynnar hynny, nid i'r BBC. Gallai Merêd ennyn ynoch y teimlad nad oedd dim byd yn amhosib, a gwae unrhyw un a feiddiai feirniadu 'hogia ni' a'u hymdrechion. Ac roedd gennym anthem hefyd a genid gydag arddeliad yng Nghlwb y BBC ar ddiwedd recordio bob rhaglen:

Hogia ni! Hogia ni!
Tydi'r sgwâr ddim digon mawr i'n hogia ni
Y mae'r Saeson wedi methu
Torri c'lonnau hogia Cymru
Tydi'r sgwâr ddim digon mawr i'n hogia ni.

Mae'n bur debyg mai trwy wrando ar y set radio Bakelite frown yn nhŷ fy nain y sefydlwyd y berthynas rhwng aelod mwyaf blaenllaw Triawd y Coleg a'r bachgen bach trwsus byr oedd yn mynychu Ysgol Gynradd Llangefni. Yn gynnar iawn roeddwn innau'n canu am 'Feic Peni-ffardding fy Nhaid', 'Londri Wili Chinee', 'Ali Baba yn y Sahara' a 'Triawd y Buarth'. A cyn i chi ofyn, dyma'r ateb: Robin oedd y 'Mw-mw', Cledwyn y 'Me-me' a Merêd oedd y 'Cwac-cwac'. Fel bachgen o Fôn, fe wyddwn yn iawn leoliad 'Pictiwrs Bach y Borth', lle gallech 'ochel glaw am swllt a naw'. Gyda llaw, mae'r gân yna'n cynnwys un o'r esiamplau gorau o drin geiriau'n ddyfeisgar, enghraifft o waith Robin yn yr achos yma dwi'n meddwl: 'A ma tŷ ni am fynd i'r *matinee* / Yn hen bictiwrs bach y Borth.' Mi fasa Sammy Cahn neu Irving Berlin wedi bod yn hapus efo'r llinell yna!

Ar ôl symud i'r ysgol uwchradd a chael gitâr yn anrheg un Nadolig gan y dyn ei hun, dysgais gordiau rhai o ganeuon Triawd y Coleg i'w canu gyda fy ffrind Derek Boote yn y cyngerdd ar ddiwedd y tymor. Yn ddirybudd fe ddaeth Merêd i un o'r cyngherddau hynny, ac ymhen blynyddoedd, pan oedd Derek a minnau wedi symud i Gaerdydd i'r coleg, cawsom alwad ganddo i fynd draw i stiwdios y BBC am gyfweliad. Byddai hwnnw, petaen ni'n ddigon da, yn sicrhau lle i ni ar raglen newydd sbon a fyddai'n cael ei chyflwyno gan Ryan Davies. Ac yn wir, felly y bu. Derek ar y bas-dwbwl, a finnau ar glamp o gitâr Gretsch fawr anhylaw yn chwarae ac yn canu cân oedd yn boblogaidd ar y pryd, 'Tom Dooley'. Dim ond dau gord oedd eu hangen. O leiaf, dim ond dau gord roeddwn i'n eu chwarae, ac roedd symlrwydd y cyfieithiad hefyd yn syfrdanol. Dim sôn am glyfrwch geiriol Triawd y Coleg. Cofiaf fod y cytgan yn cyfeirio at yr hen Tom yn sefyll ar y crocbren yn edrych yn drist wrth wynebu ei dynged:

Gwyra dy ben, Tom Dooley,
Gwyra dy ben i lawr.
Gwyra dy ben, Tom Dooley,
Rhaid i ti farw nawr.

Wrth gwrs, wedi ei chyfieithu i'r Gymraeg roeddwn i ar ôl ei chlywed yn cael ei chanu yng nghaffi Penlan, lle byddem yn mynd yn fechgyn i glywed Buddy Holly ac Elvis Presley a Neil Sedaka yn canu, dim ond i chi roi pishyn tair yn y jiwcbocs.

Cofiaf Merêd yn sôn wrthyf am gefndir y gân yn ystod egwyl yn y stiwdio. Fe'i recordiwyd gan y Kingston Trio, ryw bum mlynedd ar ôl i Merêd recordio nifer o ganeuon gwerin i Folkways Records yn New Hope, pan oedd o'n astudio Athroniaeth ym Mhrifysgol Princeton. 'Ti'n gweld, cân werin o Ogledd Carolina ydi "Tom Dooley", am y boi 'ma oedd wedi lladd Laura Foster yn Wilkes County, medda nhw 'te. Beth bynnag, fe gafodd y gân ei henwebu fel un o ganeuon y ganrif gan y diwydiant recordiau yn America. A dyma chi rŵan yn ei chanu hi yn Gymraeg. Reit. Dowch i mi'ch clwad chi'ch dau yn 'i chanu hi eto, a chofiwch edrach yn syth i lygad y camera. Da iawn chi, hogia.'

Roedd clywed Merêd yn dweud 'da iawn' yn foment i'w thrysori.

Gellid dweud mai fersiwn deledu Merêd o *Noson Lawen* Sam Jones oedd *Hob y Deri Dando*. Hen ffasiwn a thraddodiadol, ond poblogaidd iawn ei hapêl, gyda'r gynulleidfa'n eistedd fel plant da ar fyrnau gwair, yn cymeradwyo, gwenu a chlapio yn y mannau cywir. Dyma'r rhaglen a roddodd eu cyfle cyntaf i Hogia Llandegai, Aled a Reg, Tony ac Aloma, Hogia Bryngwran a Hogia'r Wyddfa, ac a esgorodd yn y pen draw ar ddiwydiant recordiau pop Cymraeg gyda chwmni recordiau'r Dryw, a Cambrian, a Merêd ei hun wrth gwrs, ar flaen y gad.

Ar ôl i mi ganu am Tom Dooley ar y dydd Sadwrn hwnnw yn 1964, cychwynnais ar y dydd Llun fel aelod o dîm y rhaglen gylchgrawn ddyddiol *Heddiw*. Felly am gyfnod bûm yn was i ddau feistr – dau ffrind agos – Merêd a John Roberts Williams, Uwch-gynhyrchydd *Heddiw*. O dan eu hadenydd gwarcheidiol nhw cafodd y cyw darlledwr ofal tadol, ac yn wir, tan y flwyddyn cyn ei farw, cefais gyfle droeon i ymweld â Merêd a Phyllis yng Nghwmystwyth. Yr un fyddai geiriau ffarwél Merêd bob tro, 'Tyd yn amlach, yr hen hogyn, a tyd ag Anya efo chdi.'

Byddwn yn cael y dasg yn aml gan gynhyrchwyr Radio Cymru o gysylltu â Merêd i ofyn iddo gyfrannu i'r rhaglen. 'Ti'n gweld,' fyddai'r esboniad, 'ti'n 'i nabod o.' Yr awgrym oedd y byddwn i'n gallu ei berswadio lle byddai eraill yn methu. Ond fyddai neb yn gallu perswadio gŵr o egwyddorion dwfn fel Merêd i wneud dim a oedd yn groes i'r egwyddorion hynny. Felly doeddwn i byth yn gwybod beth fyddai ei ymateb yn debygol o fod.

'Helô Merêd. Hwal sy 'ma.'

'Dew! Sut w'ti, 'rhen foi, a sut ma Anya a'r teulu?'

'Iawn, diolch. Sut ma Phyllis?'

'Brysur, de. Trio gorffan y llyfr 'ma. Wel, 'da ni'n dau'n brysur a deud y gwir. Be fedra i 'neud i chdi?'

'Wel, 'da ni'n meddwl gneud rhaglen am ganu gwerin, ac yn gobeithio y basach chi'n cyfrannu.'

'Wsti be. Fedrai ddim. O'n i'n gwrando ar y newyddion ar

Radio Cymru a'r gwleidydd 'ma'n mynd ymlaen ac ymlaen am hydoedd yn Saesneg. Mae 'na ddigon o newyddiadurwyr ifanc fasa'n gallu cyfieithu be oedd o'n ddeud. Does 'na ddim cyfiawnhad i roi gymaint o Saesneg ar raglen Gymraeg felly dwi wedi penderfynu gneud safiad yn erbyn y Seisnigeiddio 'ma ar y gwasanaeth. Ti'n dallt yn dwyt?'

'Dwi'n parchu'ch egwyddorion chi, Merêd, ond tydi hynny ddim yn golygu na wna i ddim codi'r ffôn eto a gofyn am gyfraniad ganddoch chi.'

'Cofia 'neud, 'rhen hogyn, a chofia fi at Anya a'r plant.'

Oherwydd natur fy ngwaith, dros y blynyddoedd bûm yn ddigon ffodus i gyfarfod mawrion y genedl yn eu gwahanol feysydd: Hywel Teifi Edwards, yr academydd; John Davies, yr hanesydd; Nan Davies, un o arloeswyr cynnar darlledu Cymraeg; Gerallt Lloyd Owen, Dic Jones, R. S. Thomas – ac eraill. Ond 'y mwyaf o'r rhai hyn' oedd Merêd. Pan ofynnwyd i'r gwyddonydd Isaac Newton pam ei fod o wedi cael cymaint o lwyddiant yn ei faes, ei ateb oedd ei fod wedi sefyll ar ysgwyddau cewri. Roeddwn innau, a nifer o'm cyfoedion, yn ffodus ein bod ninnau wedi cael sefyll ar ysgwyddau Merêd. Cawr o ddyn.

Argae

Am fis, am fisoedd, glaw yn llyn,
y diferion bob dydd
    yn wlith, yn niwl,
    yn genlli dicllon,
    a'r gaeafau'n llenwi.

A rhywle, mae rhywrai
i fod i wylio,
i gadw llygad ar y llif
rhag bod tymestl ola'r tymor
yn gollwng ei rhyferthwy
dros y gwastatiroedd glân.
Beth a dâl argae, heb y gwylwyr?

Ac un ystwyth ei leferydd a gyfyd gri
a'i rybudd am y gwendid yn y muriau,
a'r dihidrwydd ar y tiroedd draw...
ond gwatwar wnânt.

Mae popeth yn dda...
ddaw hi ddim i hynny.
Dim lle i boeni. Fe ddeil!
Llosgwch, gwastraffwch yn wych.
Codwch stad arall, croesawch.
Traffordd neu ddwy fyddai'n hwylus.
Llenwch y gwlyptir â chaffis a siopau –
eisteddwch yn ôl a mwynhau'r bregliach.

A'r glaw yn galw eto.
Ond does dim brys
i foddi iaith,
i faeddu byd.

Glenys Mair Roberts

Gorau Arf, Arf Dysg: Merêd yr Addysgwr

Dafydd Islwyn

Un agwedd ar fywyd a gwaith Merêd na chafodd ei lawn werthfawrogi yn y teyrngedau cyhoeddus a ddilynodd ei farwolaeth oedd ei gyfnod yn aelod o Adran Efrydiau Allanol Coleg y Brifysgol, Caerdydd. Yn ôl ei arfer, fe wnaeth waith dylanwadol. Paragraff pwysig yn nheyrnged Dr Meic Stephens, Yr Eglwys Newydd, yn *Ninnau*, papur Cymry Gogledd America, rhifyn Gorffennaf–Awst 2015, oedd yr isod:

> But Dr Meredydd Evans was too much of a rebel, or perhaps not pin-striped enough, to be a corporation man, and denied the resources he required to make programmes of quality, turned his back on broadcasting in 1973 to take up a post as a tutor in the Department of Extra Mural Studies at University College Cardiff where he remained until his retirement in 1985!

Am benodiad arwyddocaol. Ni orffwysodd Merêd ar ei rwyfau. Nid gweinyddwr yn eistedd wrth ddesg yn unig oedd ef; gweinyddwr gweithredol yn y maes ydoedd. Bwriodd iddi ar unwaith i sefydlu dosbarthiadau nos yng Ngwent, Morgannwg Ganol a De Morgannwg. Nos Lun, 24 Medi 1973, ymwelodd â Chymdeithas Gymraeg Caerffili yn festri Capel Bethel (A), Heol Nantgarw y dref. Gwrandawodd ar y Parch. D. Jacob Davies, Alltyblaca, Ceredigion, yn traddodi darlith, cyn annerch y gynulleidfa. Byrdwn ei sgwrs egnïol oedd ei fod yn awyddus iawn i sefydlu dosbarth nos o dan nawdd

Adran Efrydiau Allanol Coleg y Brifysgol, Caerdydd. Yn dilyn y sgwrs penderfynwyd sefydlu dosbarth, a thair wythnos yn ddiweddarach eisteddodd nifer teilwng wrth draed Merêd yn festri Bethel. Y noson honno dosbarthwyd rhaglen a drefnwyd gan Merêd.

Merêd ei hun fu'n cadw'r ddwy ddarlith gyntaf. Trefor M. Owen, Curadur Amgueddfa Werin Cymru, gadwodd y ddwy ddarlith ym mis Tachwedd. Cynhaliwyd un cyfarfod ym mis Rhagfyr, un ym mis Ionawr 1974 ac un ym mis Chwefror, pryd y darlithiodd T. Gwynn Jones, Pennaeth Adran y Gymraeg, Coleg Addysg Caerdydd, Cyncoed, i'r dosbarth. Bu farw'r tri o fewn pymtheg wythnos i'w gilydd yn 2015: Trefor M. Owen, 6 Chwefror; Merêd ymhen pymtheg diwrnod a T. Gwynn Jones ('Gwynn Corwen' i lawer), 21 Mai. John Gwynfor Jones, Adran Hanes Cymru, Caerdydd, draddododd dair darlith olaf y tymor, a ddaeth i ben ar 26 Mawrth 1974. Erbyn hynny roedd y dosbarth wedi ymgartrefu yng Nghanolfan yr Athrawon, Mill Road, Caerffili.

Ddydd Mercher, 27 Chwefror 1974, ysgrifennodd Merêd lythyr at H. Gareth Ff. Roberts, Ysgrifennydd y Cylch:

> Annwyl Gareth
> Sut hwyl ers talwm? Mae'n ddrwg gen i nad wyf wedi gallu dod draw i'r dosbarth yng Nghaerffili; rwy'n darlithio mewn man arall bob nos Fawrth ac ofnaf nad oes obaith i mi ddod acw cyn diwedd y tymor presennol.
>
> Tybed a garai'r dosbarth ddal ymlaen ar gyfer y gaeaf nesaf? A fyddech cystal â gosod yr awgrym ger eu bron? Dichon na allech drafod, yn ogystal, pa faes a garech ei bori yn ystod y tymor. Af finnau ati wedyn i geisio paratoi athro cymwys ar gyfer hynny. Y mae'n bwysig iawn ein bod yn dal ymlaen; byddai'n drueni gweld llaesu dwylo ar ôl blwyddyn yn unig. Byddwn wrth fy modd pe gallem barhau â'r dosbarth yng Nghaerffili...

Fe benderfynodd y dosbarth barhau. Codwyd ysgrifennydd newydd, Mr D. Bryn Jones a oedd yn byw yng Nghaerffili ar y pryd. Mewn cylchlythyr at nifer o lengarwyr yr ardal adroddodd, 'Yn ystod gaeaf 1973–74, cyfarfu tua 18 ohonom rhyw ddeg o weithiau i fwrw golwg (yn fras ddigon, rhaid cyfaddef) dros rai o agweddau o gefndir Morgannwg – canu a thraddodiadau gwerin a hanes y Sir.'

Cynigiwyd naw testun gan Merêd i'r dosbarth. Yr un mwyaf poblogaidd oedd llenyddiaeth Gymraeg; a chaneuon gwerin, 'Y Werin a'i Cherddi', yn gydradd ail â 'Cefndir y Testament Newydd'.

Agorodd yr ail dymor ar 30 Medi 1974, a'r tiwtor oedd W. J. Jones, Darlithydd yn Adran y Gymraeg, Coleg Cyncoed, Caerdydd. Darlithoedd ar 'Lenyddiaeth Gymraeg Gyfoes' a gafwyd. Ar 2 Rhagfyr 1974 derbyniodd yr ysgrifennydd lythyr oddi wrth Merêd:

> Diolch yn fawr am eich gwaith fel ysgrifennydd. Mae'n amlwg bod W.J. yn ei fwynhau ei hun yn eich cwmni. Mae o'n ŵr cydwybodol iawn a'i waith bob amser â graen arno. Mae'r hyn a ddywedwch am gefnogwyr y diwylliant Cymraeg – unrhyw ddiwylliant yn wir – yn llygad ei le. Ond y mae'r gwaith yn werth chweil ple bynnag y bo dyrnaid deallus yn casglu ynghyd...

Nid dosbarth Caerffili yn unig oedd yn derbyn cefnogaeth Merêd. Meddai mewn llythyr dyddiedig 20 Chwefror 1975, at yr ysgrifennydd,

> Tybed a ydych wedi trafod y posibilrwydd o gael dosbarth y flwyddyn nesaf yng Nghaerffili? Pa faes tybed? A phwy garech ei gael i ddarlithio ar eich cyfer? Maddeuwch y brys. Rydw i'n gorfod sgwennu i'r un perwyl y dyddiau hyn at bob dosbarth yn y rhan hon o'r wlad...

Ar gyfer y flwyddyn 1975–76, y maes llafur yng Nghaerffili oedd gwaith Saunders Lewis, a W. J. Jones yn diwtor. Bu ef yn cadw'r dosbarth tan fis Ebrill 1998.

Fe'm hetholwyd yn Ysgrifennydd y Dosbarth yn 1975 a bûm wrth ysgwydd W. J. Jones tan Ebrill 1998. Ysgrifennodd Merêd ataf ar 28 Mehefin 1975:

Annwyl Gyfaill: Tybed a allech chi roi gwybod i mi pa nos Lun ym Medi y carech roi cychwyn ar y dosbarth llenyddiaeth gyda Mr W. J. Jones. Bûm yn ceisio eich cael ar y ffôn ond yn ofer. Carwn allu cynnwys gwybodaeth am y dosbarth yn ein prosbectws. Yn ôl W.J. ei hun byddai unrhyw nos Lun yn gyfleus iddo. Mae'n ddrwg gen i eich poeni. Cofion caredig, Merêd.

Nid gweinyddu yn anogol yn unig a wnâi ef ond bwrw iddi i ddarlithio hefyd. O ddarllen y prosbectws am y flwyddyn academaidd 1977–78 gwelir ei raglen waith am yr wythnos gyntaf ym mis Hydref 1977:

Nos Fawrth, 04 Hydref, yn Adeilad y Dynoliaethau, Coleg y Brifysgol, Caerdydd, cynhaliwyd y cyfarfod cyntaf o ugain darlith. Y maes llafur oedd 'Saunders Lewis: Bardd a Dramodydd'. Yr un maes llafur oedd ar gyfer dosbarth yn Ysgol Gyfun Llantarnam, 05 Hydref, nos Fercher. Trefnwyd ugain darlith ar ei gyfer yno hefyd. Yn Ysgol y Gadlys, Aberdâr, nos Iau 6 Hydref, cynhaliodd y gyntaf o'i ddeg darlith ar 'Rhai o Gerddi T. H. Parry-Williams.'

Ymhen pedair blynedd roedd yr un mor weithgar. Nos Lun 5 Hydref 1981, yn Efail Isaf, cynhaliwyd y ddarlith gyntaf o ugain ar y testun 'Canu Gwerin Cymru' yng nghwmni ei wraig, Phyllis Kinney. Ar y nos Fawrth, y chweched o'r mis, agorodd tymor y dosbarth nos yn yr Hen Neuadd, Y Bont-faen. Yno, trafodwyd 'Y Delyneg Gymraeg' dros ugain darlith. Nos Fercher, roedd ef a Phyllis yn cyflwyno 'Canu Gwerin Cymru' yn Ysgol Gyfun Glantaf, Caerdydd. Trefnwyd yn y Barri ddeg darlith (bythefnosol), gan ddechrau ar 8 Hydref 1981, i Merêd ddarlithio ar 'Rai Telynegion Cymraeg'.

Yn ystod ei flwyddyn olaf, ac yntau bellach yn Uwch-ddarlithydd yn yr Adran Efrydiau Allanol, cynhaliodd ddosbarth ar y nos Lun yn yr Efail Isaf; themâu ei ddarlithoedd oedd 'Y Pêr Ganiedydd'. 'Y Canu Gwerin' oedd ei faes gyda'r dosbarth yn y Bont-faen. Nos Fercher darlithiai yng Nghaerdydd ar y testun 'Y Pêr Ganiedydd'. Clywodd y dosbarth yn y Barri ef yn trafod 'Y Soned Gymraeg'.

Yn ystod ei gyfnod yn yr Adran rhwng 1973 ac 1985, darlithiodd hefyd ar 'Agweddau ar Farddoniaeth R. Williams Parry' yn Llantarnam, Cwmbrân, am un tymor. 'Rhai Ffurfiau Llenyddol' oedd y maes llafur yn Aberhonddu. Yng Nghasnewydd am un tymor, 'Barddoniaeth T. Gwynn Jones' oedd yn cael ei thrafod. Yn y Barri, Caerdydd a'r Efail Isaf yn eu tro darllenwyd 'Rhai Cerddi Hir', astudiwyd y delyneg a'r soned a chyflwynwyd 'Gwenallt fel Bardd Crist a Chenedl'.

Roedd ystod eang i'w ddarlithoedd: barddoniaeth, rhyddiaith, canu gwerin a diwinyddiaeth. Eglurodd ym Mhrosbectws 1980–81 mai'r maes llafur yng Nghasnewydd fyddai barddoniaeth T. Gwynn Jones:

> Canolbwyntir ar ddwy o gyfrolau'r bardd sef *Caniadau* ac *Y Dwymyn*. Telir sylw neilltuol i'r cerddi mawr: 'Ymadawiad Arthur'; 'Tir na n-Og'; 'Madog'; 'Antiomaros'; 'Argoel'; 'Broseliâwnd' a 'Cynddilig'. Dylai pob aelod ddarllen ymlaen llaw, *Cofiant T. Gwynn Jones* gan David Jenkins.

Ym maes rhyddiaith, gwaith Daniel Owen a gafodd ei astudio. Trefnwyd i gynnal ugain darlith yn ystod tymor 1977–78 yn Ysgol y Gadlys, Aberdâr. Dywedodd am y maes llafur:

> Astudir yn fanwl brif weithiau Daniel Owen – *Y Dreflan*; *Rhys Lewis*; *Profedigaeth Enoc Huws* a *Gwen Tomos*. Bydd yn angenrheidiol i bob myfyriwr sicrhau copïau o'r gweithiau hyn – yr argraffiadau cyflawn, nid y rhai a dalfyrrwyd gan T. Gwynn Jones a Thomas Parry.

Cynhaliwyd dosbarthiadau nos yn yr Efail Isaf a Chaerdydd i ddysgu am draddodiad canu gwerin Cymru. Cafodd Merêd gymorth Phyllis ei wraig i gyfoethogi'r trafodaethau. Pwrpas yr ugain darlith oedd:

> bwrw golwg gyffredinol dros hanes casglu'r caneuon gwerin o'r ddeunawfed ganrif hyd at sefydlu Cymdeithas Alawon Gwerin Cymru ar ddechrau'r ganrif hon. Eir ati wedyn i ystyried gwahanol ddosbarthiadau ar y caneuon gan geisio eu gosod yn eu cefndir

cymdeithasol a sylwi hefyd ar rai o'u nodweddion cerddorol a llenyddol.

Yn ystod ei dymor olaf yn darlithio i'r Adran Efrydiau Allanol yn yr Efail Isaf a Chaerdydd canolbwyntiodd ar y Pêr Ganiedydd. Meddai:

Canolbwyntir ar astudiaeth drylwyr o 'Theomemphus' gyda bwrw golwg ar graffter seicolegol yr awdur wrth drafod natur tröedigaeth grefyddol a thalu sylw hefyd i ambell bwyslais diwinyddol nodweddiadol o Fethodistiaeth y cyfnod. Trafodir yn ogystal beth o ryddiaith yr awdur.

Yn ystod ei gyfnod ym Mhrifysgol Cymru, Caerdydd, cyfnod o ddeuddeng mlynedd, bu'n darlithio a threfnu dosbarthiadau yn ddiwyd. Darlithiodd am un mlynedd ar ddeg.

Ar 9 Tachwedd 1982 cylchlythyrwyd tiwtoriaid dosbarthiadau Cymraeg a drefnid gan Merêd gan Swyddog Gweinyddol yr Adran Efrydiau Allanol. Dywedodd, 'A wnewch chi nodi bod Dr Meredydd Evans i ffwrdd am un flwyddyn i astudio.' Dychwelodd ar gyfer tymor 1982–83. Casglodd ynghyd ddarlithwyr abl o'r colegau lleol i ddarlithio yn y dosbarthiadau allanol. Gwahoddodd arbenigwyr o feysydd eraill yn y brifddinas i'w gynorthwyo, megis John Gwynfor Jones, Islwyn 'Gus' Jones, Morfydd E. Owen ac eraill. Derbyniodd y Parchedigion W. I. Cynwil Williams a Huw Ethall, ynghyd â Dr Harri Pritchard Jones, ei wahoddiad i gadw dosbarthiadau.

Ysgogodd nifer teilwng o athrawon i ymgymryd â gwaith gyda dysgwyr. Sefydlwyd dan ei anogaeth gyrsiau Wlpan yn nhair sir y De-ddwyrain. Sefydlwyd cyrsiau mewn canolfannau ar hyd a lled y tair sir: cyrsiau Cymraeg Pellach, Blwyddyn 1, 2, 3 a 4; Cyrsiau Croesi'r Bont a Gloywi'r Gymraeg. Credai'n gryf y dylai'r Cymry prin eu Cymraeg, onid yw'n deitl mwy calonogol na dysgwyr a Chymry di-Gymraeg, ar ôl dilyn y cyrsiau uchod a'r cwrs Wlpan, ddilyn cyrsiau a fyddai'n lledu eu gorwelion. Bu i nifer o ddynion yn ardal Bargoed ddilyn y cwrs Wlpan yn ffyddlon a mynnodd Merêd sefydlu cwrs o ugain darlith yn cyflwyno 'Agweddau ar y Diwylliant Cymreig' ar eu cyfer. Cynhaliwyd y darlithoedd, ugain bob tymor, am chwe blynedd. Mae pedwar aelod gwreiddiol o'r cynllun yn enghraifft ffrwydrol o weledigaeth Merêd. Ar wahân i gefnogi yn gadarn addysg Gymraeg yn y dref, torchodd y pedwar eu llewys i gyfrannu i fywyd Cymraeg ardal Bargoed. Mae'r pedwar yn siarad Cymraeg yn gyhoeddus ar stryd y dref. Mae gan Arwyn Preest ddiddordeb eirias mewn barddoniaeth gynganeddol ac mae'n ddisgybl i Twm Morys yn ei golofn yn *Y Cymro*. Mae Kevin Vinney yn dal â'i fys ym mrywes addysg Gymraeg. Mae Byron Shide yn gefnogol iawn i'r papur bro, *Cwm Ni*. Bu Clive Williams, fel y tri arall, yn enedigol o'r ardal, yn amlwg iawn yn natblygiad Mudiad Addysg Meithrin Cwm Rhymni. Cofnododd hanes ei fywyd yn y papur bro yn nau rifyn olaf 2015.

Credai Merêd yn reddfol yng ngwerth a phwysigrwydd yr iaith Gymraeg. Oni fu gwerthoedd gorau ei gynefin a'i gapel yn asgwrn cefn i'w weledigaeth? Yn ystod ei gyfnod yn Adran Efrydiau Allanol Prifysgol Cymru, Caerdydd 1973–85, trosglwyddodd ei weledigaeth yn weithgarwch diwylliannol Cymraeg a Chymreig yn y De-ddwyrain. Pan ymddeolodd Merêd o fod yn Uwch-ddarlithydd yn yr Adran newidiwyd yr agwedd tuag at ddysgu Cymraeg i oedolion. Dros amser aeth y pwyslais yn drymach ar oedolion i ennill cymwysterau wrth ddilyn y maes llafur. Diflannodd y wefr o bwyso a mesur gwaith a'i drafod yn rhydd o'r dosbarthiadau bellach. Biwrocratwyr sy'n arwain ac nid addysgwyr â gweledigaeth fel Merêd.

Bu'n ddarlithydd yn Harlech ac America. Dychwelodd i Gymru yn 1960 i fod yn ddarlithydd mewn Athroniaeth yn Adran Efrydiau Allanol ei hen goleg ym Mangor. 'Ni chlywais ddarlledu Tynged yr Iaith ar nos Fawrth, 13 Chwefror 1962. Ar y pryd roeddwn mewn Ysgol Nos,' cyfaddefodd Merêd ymhen blynyddoedd. Bu'n ddarlithydd yn ardal Bangor 1960–63 ac am y pedwerydd tro rhwng 1973 ac 1985 yng Nghaerdydd.

Os bu Merêd yn ddarlithydd am bron i draean o'i oes, bu'n addysgwr ar ei hyd. Fel myfyriwr, llenor, cerddor a gweithredwr, addysgodd ei gyd-Gymry i fyw eu bywyd trwy gyfrwng y Gymraeg.

Bu farw yr hanesydd Saesneg Lisa Jardine ar 25 Hydref 2015, ac yn ei theyrnged iddi dywedodd un o'i chynfyfyrwyr, yr Athro Jacqueline Rose,

> Very early on in my long friendship with the historian Lisa Jardine, who has just died, I realised that her energy was phenomenal and impossible to emulate. It was always part of her project to keep intellectual culture alive – to have it reach into homes through the media, across disciplines and centuries.

Fe gafodd Lloegr Lisa Jardine ac fe gafod Cymru Merêd yn addysgwr egnïol.

Sefydlu'r *Dinesydd*

Norman Williams

I hogyn o Rosgadfan na fentrodd fawr pellach na'r Brifysgol ym Mangor, roedd cael swydd gyntaf yng Nghaerdydd yn 1969 yn dipyn o brofiad. Teg dweud i mi ddisgleirio mwy yn y coleg ym maes cymdeithasu ac adloniant, ac un o uchafbwyntiau fy nghyfnod yno oedd cael fy ngalw gerbron Charles Evans y Prifathro am gyhoeddi erthygl enllibus am un o deuluoedd enwocaf Môn yn *Y Dyfodol*, papur newydd misol y myfyrwyr Cymraeg, y cefais y fraint o'i olygu. Roedd *Y Dyfodol* yn gyfrwng ardderchog i bryfocio a phrotestio ac i ddod â chymdeithas wasgaredig y myfyrwyr Cymraeg at ei gilydd.

Ni ddychmygais erioed y byddwn yn cychwyn fy ngyrfa mewn gwasg academaidd, sef Gwasg Prifysgol Cymru. Roedd fy niddordeb go iawn ym maes adloniant, a hynny wedi ei ysbrydoli'n rhannol gan lwyddiant anhygoel Adran Adloniant Ysgafn y BBC, o dan ofal Meredydd Evans. Wyddwn i nemor ddim amdano heblaw am ei ran yn Nhriawd y Coleg a'u 'Mw-mw, me-me, cwac-cwac' tra adnabyddus. Doeddwn i fawr o feddwl, ymhen amser, y byddwn yn clywed Merêd yn trafod cathod yn ogystal.

Roedd hanesion lu bryd hynny am Glwb y BBC yn Llandaf lle roedd cymdeithasu'n grefft, syniadau'n cyniwair a dirwestwyr yn brin. Asgwrn cefn Sanhedrin y Clwb bryd hynny oedd rhai o staff disgleiriaf Adran Adloniant y Gorfforaeth. O'r casgliad hynod yma o ddramodwyr, sgriptwyr, cynhyrchwyr a chyfarwyddwyr, gyda Merêd wrth y llyw, y tarddodd rhai o uchafbwyntiau'r byd adloniant Cymraeg a brofodd i fod yn sylfaen hollbwysig i ddatblygiad S4C maes o law.

Ar y pryd hefyd, ac mewn awyrgylch tipyn mwy syber, Gwasg y Brifysgol oedd yn gweinyddu grantiau'r Llywodraeth tuag at gyhoeddi llyfrau Cymraeg, a buan iawn y sylweddolais cyn lleied oedd yn darllen llyfrau a chylchgronau Cymraeg. Fodd bynnag, doedd yna fawr o anogaeth i'r gweisg fod yn fwy uchelgeisiol yn eu creadigrwydd oherwydd bodolaeth grant y Llywodraeth, gyda'r canlyniad fod darllen yr iaith yn datblygu'n weithgarwch lleiafrifol a dosbarth canol.

Bu lleihad mawr hefyd yn niferoedd papurau lleol trwy Gymru benbaladr a chofiaf synnu wrth weld cyn lleied o werthiant oedd yna i'r *Cymro* a'r *Faner* ym mhrif siopau llyfrau Caerdydd ar y pryd.

Ar ôl magwraeth mewn cymdeithas glòs yn un o bentrefi chwarelyddol Arfon, profodd bywyd yng Nghaerdydd i fod yn dra gwahanol. Er yr honiad fod yna tua ugain mil o Gymry Cymraeg yn nalgylch y brifddinas, a myrdd o wahanol weithgareddau allan yn y maestrefi, yn y capeli a'r eglwysi, yr ysgolion, yr Urdd a'r clybiau chwaraeon, doedd yna ddim cyfrwng i'w clymu at ei gilydd.

Fodd bynnag, doedd poeni am gylchrediad llyfrau a chylchgronau Cymraeg ddim yn flaenoriaeth uchel iawn i mi ar y pryd, fel rhywun oedd newydd briodi a phrynu tŷ yn Rhiwbeina. Roedd chwarae pêl-droed i Glwb y Cymric, a'r cymdeithasu yn ei sgil, yn bleser pur, a braf oedd manteisio ar leoliad cyfleus Caerdydd i deithio i ardaloedd difyr cyfagos. Dyna he oedd rhyddid.

Fe newidiodd pethau pan dderbyniais alwad ffôn yn y swyddfa. Ar ben arall y lein roedd ffrind coleg i mi a weithiai yn HTV. Soniodd am gyfarfod y bu ynddo y noson flaenorol, a alwyd gan Meredydd Evans, i drafod y posibilrwydd o gyhoeddi papur newydd Cymraeg i wasanaethu Caerdydd.

Wedi i mi fynegi cryn frwdfrydedd tuag at y syniad, ychwanegodd fy ffrind fod yna wahoddiad i mi ddod i'r ail gyfarfod. O fewn dim cefais alwad ffôn arall, y tro hwn gan Merêd ei hun. 'Be am sgwrs dros damad o ginio?'

Wyddwn i ddim be i'w ddisgwyl cyn cyfarfod Merêd am y tro

cyntaf, ond diflannodd pob ansicrwydd o fewn dim oherwydd cynhesrwydd ei bersonoliaeth. Ond y tân yn ei fol sy'n aros fwyaf yn y cof, a'r awch oedd ynddo i geisio cyhoeddi papur Cymraeg i'r brifddinas. Ceisiais liniaru peth ar ei frwdfrydedd trwy sôn am y problemau lu fyddai'n wynebu prosiect o'r fath, fel anwadalrwydd argraffwyr, costau cynhyrchu, diffyg gwirfoddolwyr, prinder hysbysebwyr, cyfranwyr a gwerthwyr. Yn anffodus, fel arall yn hollol y gwelai Merêd hi. Onid gwych o beth oedd cael rhywun oedd yn 'dallt y dalltings', ac onid priodol oedd hi i mi weithredu fel rhyw fath o Ddarpar Olygydd tra bod y gwaith caib a rhaw o osod y sylfeini yn mynd rhagddo? Dyna pryd y dysgais y wers fawr honno, nad oedd Merêd yn un hawdd ei wrthod.

Does gen i ddim cof am leoliad yr ail gyfarfod i drafod y papur, ond roedd yr aelodau yn gasgliad diddorol o gynrychiolwyr gwahanol sefydliadau'r brifddinas ac unigolion amlwg iawn eraill; ac yn eu canol, Merêd. Gwrandewais yn astud ar y drafodaeth, ac ar frwdfrydedd arbennig Merêd a'i ddoethineb wrth wynebu ambell farn negyddol. Rhoddai glust i bob sylw gan ddangos parch ac amynedd ond doedd yna ddim bwriad newid cyfeiriad.

Bu'r flwyddyn ganlynol yn un hynod brysur i griw cymharol fychan o wirfoddolwyr. Gweledigaeth Merêd oedd sefydlu pump is-bwyllgor i ymchwilio i wahanol agweddau ar gyhoeddi papur misol. Dawn bersonol Merêd wedyn oedd yn gyfrifol am lwyddo i berswadio unigolion dawnus a phrysur i ymgymryd â swyddi hanfodol i lwyddiant yr ymgyrch.

Sefydlwyd is-bwyllgorau Golygyddol, Hysbysebu, Dosbarthu, Busnes a Chronfa, gyda chynrychiolwyr o bob is-bwyllgor yn ffurfio'r Panel Rheoli. Roedd Merêd â'i fys ymhob maes a'i frwdfrydedd yn heintus. Rhaid oedd cael adroddiadau manwl gan bob grŵp a thystiolaeth gadarn cyn penderfynu ar drywydd arbennig.

Canolbwyntio ar Is-bwyllgor y Gronfa wnaeth Merêd, gan iddo sylweddoli bod dyfodol tymor hir y papur yn mynd i ddibynnu ar sicrhau arian digonol wrth gefn, yn enwedig ar ôl i'r brwdfrydedd cychwynnol gilio, ac roedd yn llygad ei le. Perswadiodd nifer o unigolion i weithredu fel noddwyr, ac fe gysylltodd â myrdd o gymdeithasau'r brifddinas i ofyn iddynt gyfrannu tuag at goffrau'r papur.

Canlyniad yr holl drafod oedd penderfynu symud ymlaen i gyhoeddi deg rhifyn o'r *Dinesydd* mewn blwyddyn. Byddid yn ei ddosbarthu yn rhad ac am ddim trwy'r capeli a'r eglwysi, gwahanol sefydliadau a chymdeithasau'r ddinas, yr ysgolion a'r siopau Cymraeg. Anelwyd at argraffu 5,000 o gopïau er mwyn denu hysbysebwyr, gan obeithio cystadlu gyda'r *Echo*, oedd â gwerthiant nosweithiol bryd hynny o 100,000. O'r herwydd, roedd rhaid denu canran uchel o gynnwys *Y Dinesydd* trwy gyfrwng hysbysebion, a dyna faes lle disgleiriodd David Meredith, Swyddog Cysylltiadau Cyhoeddus HTV, y tu hwnt i bob disgwyliad. Cafwyd hysbysebion o'r llefydd rhyfeddaf, gan gynnwys cwmni chwalu adeiladau.

Fe'm hatgoffir o bryderon mwy diweddar Merêd, ynglŷn â'r defnydd o'r Saesneg ar S4C, wrth iddo fynnu na ddylid derbyn hysbysebion uniaith Saesneg yn *Y Dinesydd*. Ond hyd yn oed gyda'r cyfyngiad yna, rhoddodd hysbysebion sylfaen gadarn i'r papur. Cofiaf chwerthin gyda Merêd wrth i mi ddweud yr hanes amdanaf i a'r wraig yn dod adref i Riwbeina yn hwyr iawn ryw noson, a gweld David Meredith yn loetran o gwmpas y tŷ gyda hysbyseb yn ei law. Gofynnais iddo ers pryd roedd o 'di bod yno, a'i ateb parod oedd, 'Ers rhyw gwta bythefnos.'

Yn ystod y cyfnod prysur yma bu Merêd a minnau'n cydweithio'n glòs iawn, a dysgais lawer ganddo ynglŷn â sut i gael y gorau o bobol. Ni fu ymyrraeth o fath yn y byd ar ochr olygyddol *Y Dinesydd* ond roedd ei gefnogaeth a'i gydymdeimlad ar gael unrhyw bryd. Defnyddiais ei gysylltiadau yn aml wrth chwilio am gyfranwyr, gan gychwyn cais trwy nodi mai 'Merêd awgrymodd eich enw chi'. Does gen i ddim cof fod neb erioed wedi gwrthod.

Ni laesodd Merêd ddwylo wedi cyhoeddi rhifyn cyntaf *Y Dinesydd* yn Ebrill 1973, ond cofiaf ei falchder pan ddenodd erthygl gan Vaughan Hughes ar fwriad i chwalu capeli yng nghanol Caerdydd ymateb ffyrnig gan neb llai na Saunders Lewis, a gyfeiriodd at y bwriad fel 'fandaliaeth gyhoeddus'. Dyma, heb os, sgŵp cyntaf y papur.

Waeth i mi heb â cheisio rhoi'r argraff fod y blynyddoedd cyntaf wedi bod yn rhai hawdd. Llugoer braidd fu'r ymateb i gynllun Merêd i geisio cael cyfraniad o bunt yr un am flwyddyn o danysgrifiad i'r *Dinesydd*, a gallwn synhwyro ei siomedigaeth a'i rwystredigaeth. Er tegwch i drigolion Caerdydd, nid oedd yn gynllun rhwydd i'w weithredu beth bynnag, ond yn hytrach nag anobeithio a digalonni, trodd Merêd ei olygon tuag at ddulliau eraill o godi arian, a hynny mewn maes arall lle rhagorai – cerddoriaeth.

Cafodd y syniad o drefnu cyfres o 'Gymanfaoedd Codi'r To', gan gasglu ynghyd ganeuon gwerin a'u cyhoeddi ar ffurf llyfryn y gellid ei werthu ymhob cymanfa. Ceir hanes y gymanfa gyntaf yn rhifyn Rhagfyr 1974 o'r *Dinesydd*.

Fe'i cynhaliwyd yn Neuadd Coleg Cyncoed o dan arweiniad ysbrydoledig Merêd a bu'n noson hwyliog a llwyddiannus gyda Heather Jones a Chôr Godre'r Garth yn perfformio i gyfeiliant A. D. Thomas a'r annwyl Phyllis Kinney. Rhoddodd pawb eu gwasanaeth o'u gwirfodd er lles *Y Dinesydd*.

Gyda'r un bwriad y trefnwyd Eisteddfod Gadeiriol Treganna ym mis Chwefror 1975 a phrofodd honno hefyd yn noson hwyliog dros ben. Da o beth i Gaerdydd oedd gweld *Y Dinesydd* yn creu digwyddiadau o'r fath yn sgil yr ymdrechion i godi arian.

Er y berthynas agos a ddatblygodd rhyngom yn sgil *Y Dinesydd*, heblaw am ei ganu a'i waith yn y BBC, ychydig iawn a wyddwn amdano fel arall. Yn 1973 gadawodd y BBC i ymuno ag Adran Efrydiau Allanol y Brifysgol yng Nghaerdydd fel darlithydd. Doedd dim syniad gen i am hanes academaidd disglair Merêd ym maes Athroniaeth cyn ei gyfnod gyda'r Gorfforaeth. Braidd yn amheus oeddwn i, o ganlyniad, pan glywais fod Merêd yn cynnal cwrs byr ar Athroniaeth yn y coleg a'i fod yn chwilio am 'fyfyrwyr'.

Syndod i mi, ac eraill o'i gyn-adran yn y BBC, oedd clywed

Merêd yn traethu mor ddifyr ar bwnc mor ddyrys. Cofiaf yn arbennig iddo sôn am arbrawf lle roedd academyddion wedi pwytho llygaid cath fach er mwyn profi rhyw theori athronyddol. Holodd Merêd am ein hymateb i'r arbrawf ac fe gafwyd ambell ymdrech lew ar ddadansoddi ond o'r tawelwch dyma lais ei gyfaill Rhydderch Jones yn ebychu o gefn y dosbarth, 'Blydi creulon 'swn i'n ddeud.'

Trwy gydol ein cyfnod yn cydweithio ar sylfeini'r *Dinesydd*, ychydig iawn o sôn a fu am ei waith yn y BBC, nac am gymdeithasu enwog y clwb. Roedd o erbyn hyn 'ar y wagan' ac yn amlwg yn mwynhau'r cyfnod newydd yma yn ei fywyd, lle roedd ymdrechu dros Gymru a'r Gymraeg heb lyffethair corfforaethol yn brif flaenoriaeth iddo. Ar un achlysur, wrth yrru heibio i ryw glwb yn ardal Parc y Rhath yng Nghaerdydd, ar ôl noson o geisio codi arian, dyma Merêd yn nodi'n reit athronyddol, 'Wyddost ti be, 'rhen Norm, taswn i'n cael gafael ar yr holl bres 'nes i wario yn fan'na, mi fydda'n cadw'r *Dinesydd* i fynd am flwyddyn.' Wedyn, wrth deithio heibio i Lyn y Rhath i gyfeiriad cartref Merêd a Phyllis yn Shirley Road, dyma sôn am anffawd ddigwyddodd i Rhydderch pan lwyddodd i ddisgyn i'r llyn, a Merêd, wrth geisio'i achub, yn cael trochfa hefyd. Nid ailadrodd straeon digri oedd o, ond myfyrio'n uchel uwchben yr hyn a fu.

Pan ymddangosodd rhifyn cynta'r *Dinesydd* cafwyd llu o gyhoeddusrwydd, a'r rhan fwya'n gadarnhaol. Vincent Kane, os cofiaf yn iawn, holodd y cwestiwn mwyaf pigog, pan ofynnodd ai papur *perforated* oedd o. Ysgogodd y trafod a fu yn sgil y rhifyn cyntaf wahoddiadau maes o law i roi arweiniad i ardaloedd eraill a oedd yn ystyried datblygiadau cyffelyb, ac o fewn ychydig flynyddoedd roedd ardaloedd ar draws Cymru yn cyhoeddi papurau bro, a neb balchach na Merêd.

Yn rhifyn dathlu chwarter canrif o gyhoeddi'r *Dinesydd* fe ddywed John Roberts Williams, hen gyfaill i Merêd, fel a ganlyn:

Y dyn ar dân, Meredydd Evans o Feirionnydd, a sefydlodd
Y Dinesydd. Yn wir, ym Meirionnydd y gwelwyd y papur bro
cyntaf pan gyhoeddodd O. M. Edwards lyfryn bychan, *Seren
y Mynydd*[,] gyda newyddion bro Llanuwchllyn... Erbyn hyn,
ac wedi cyhoeddi'r *Dinesydd*, dechreuwyd sefydlu papurau
bro trwy Gymru. *Papur Pawb* yng Ngheredigion oedd y cyntaf
dwi'n meddwl, ond erbyn hyn mae yna dros hanner cant a'u
gwirfoddolwyr yn dygnu arni i'w diogelu.

Y papurau bro yw cymwynaswyr mawr y Gymraeg am eu
bod yn cadw'r arferiad o ddarllen yr iaith. Medrir cymharu eu
cyfraniad â chyfraniad cyfieithu'r Beibl. Am fod yna Feibl Cymraeg
i'w ddarllen y cadwyd yr iaith rhag difancoll ac am fod yna
bapurau bro'n dal i gynnal yr arferiad o ddarllen yr iaith y maent
cyn bwysiced bob mymryn ag S4C – a'r Cynulliad hefyd. Heb
ddarllenwyr, heb iaith. Mae'r *Dinesydd* i'w fawrygu am iddo helpu i
ysbrydoli'r weledigaeth fawr.

Yn 1975 cefais y dasg anodd o hysbysu Merêd fy mod wedi
cael swydd yn y Gogledd. Gwyddai ers tro am ddymuniad fy
ngwraig a minnau i ddychwelyd i Arfon, yn nes at ein rhieni,
ac i fagu ein plant yn yr ardal roddodd fagwraeth mor naturiol
Gymreig i ni'n dau.

Derbyniais y llythyr canlynol ganddo ym mis Medi 1975,
llythyr sy'n adlewyrchu'r 'dyn ar dân' y soniodd John Roberts
Williams amdano:

Annwyl Norman,
Diolch i ti, wir, am dy waith dygn a rhagorol; gyda rhy 'chydig
o gefnogaeth. Mi fydd yn chwith i'r lle 'ma ar dy ôl ac yn golled
bersonol i minnau.
Hyn o newyddion ar frys;
1 Mae Sian [Edwards] am ymgymryd â'r gwaith. Bendith arni.
    Caiff bob help gan W.J. [Jones] a Gareth [Lloyd Williams].
2 Y mae Henry [Davies] yn barod i gynhyrchu am £180 y rhifyn.
    Chwarae teg iddo.
3 Bron i £500 gennym mewn llaw ar hyn o bryd a rhagor i
    ddod eto o werthiant 'Codi'r To'. At hyn, wrth gwrs, bydd
    £500 y Gymdeithas (sgwennais air o ddiolch personol at Meic
    Stephens heddiw). Cefais £65 i law am 'Codi'r To' yr wythnos

hon – cynwysedig yn y £500 uchod. Os cawn tua 40% o'r hysbysebion mi ddylem fod yn iawn am flwyddyn arall.

4 Cefais air â John Albert heddiw. Mae o wedi casglu enwau dosbarthwyr newydd. RHAID i ni setlo'r agwedd yna i betha. Cawn gyfarfod cyffredinol ymhen rhyw dair wythnos rydw i'n gobeithio.

Dyna ni – ar frys.

Cofion annwyl at y ddau ohonoch.

Merêd

Wrth gytuno i gael 'sgwrs dros damad o ginio' efo Merêd yn 1972, doeddwn i fawr o feddwl 'mod i ar fin dechrau ar un o gyfnodau prysuraf fy mywyd. Ond wrth edrych yn ôl gyda balchder ar lwyddiant *Y Dinesydd*, a'r myrdd o bapurau eraill gododd yn ei sgil, rhaid derbyn mai'r ysbrydoliaeth y tu ôl i'r cyfan oedd Merêd, a braint o'r mwyaf oedd cael ei adnabod.

Cwmystwyth
26 Chwefror 2015

Dŵr gwyllt a rhaeadrau gwyn,
Beudy oer heb aderyn,
Lladron y dail yn llawdrwm,
Ochrau coch pen ucha'r cwm
A glaw'n y gwynt i'w glywed:
Amau'r haf yr wyf, Merêd.

Enw a llais, cydio llaw,
Telyn yn twtio alaw,
Haul main uwch gwely mynwent,
Cynghanedd Gwynedd a Gwent
A'r hen angerdd ar gerdded:
Dyma'r haf o hyd, Merêd.

Myrddin ap Dafydd

Cariad at y Cwm

Lyn Ebenezer

Fel unrhyw ardal wledig arall, gwelodd Cwm Ystwyth, yn ei dro, lanw a thrai. Bu'n fwrlwm o ddiwydiant a diwylliant ar anterth y gweithfeydd mwyn plwm. Mwynhaodd landlordiaeth hynaws Thomas Johnes yr Hafod. Ymwelodd Diwygiad 1904 â'r fro. Yna daeth y dirwasgiad a welodd gau'r gweithfeydd ac ymfudiad dynion, hen ac ifanc, i'r Sowth. Gwastatáwyd muriau gosgeiddig Plas yr Hafod. Disgynnodd y boblogaeth o tua mil i tua chant.

Ond doedd y darlun ddim yn ddu i gyd. Yn y 40au roedd Gwyn Morgan, un o feibion fferm Pentre, yn un o 45 o blant a fynychai'r ysgol leol. 'Un rheswm am y nifer uchel o blant oedd bod teuluoedd mawr yn gyffredin bryd hynny,' medd Gwyn. 'Roedd hanner dwsin o blant mewn teulu, a hyd yn oed mwy, yn beth digon cyffredin.'

Dirywio wnaeth cynulleidfaoedd Capel Siloam. Safai'r capel a'r ysgol yn wreiddiol ar safle cartref Merêd a Phyllis. Bu'n rhaid codi capel ehangach i gwrdd ag anghenion Diwygiad 1904. Cofia Gwyn ei dad yn dweud y byddai gofyn bod yn Siloam ugain munud cyn i'r gwasanaeth ddechrau ar y Sul neu fyddai dim lle i eistedd.

Un arall sy'n cofio hanes oes aur y bywyd diwydiannol a diwylliannol yn y Cwm yw Edgar Morgan. Ar un adeg, meddai, byddai rhywbeth yn cael ei gynnal yn y capel bob nos. Cred i'r trai mwyaf ddigwydd wedi'r Rhyfel Mawr. Ond gall Gwyn ac Edgar gofio dyddiau gwell ganol y 50au pan oedd yna hyd yn oed Glwb Ffermwyr Ifanc llwyddiannus yn y Cwm gyda chryn ddeg ar hugain o aelodau.

Ond gwaethygu wnaeth y sefyllfa wedyn. Caewyd yr ysgol yn 1960. Roedd un o ddwy siop yr ardal wedi cau ar ddechrau'r 40au, er i'r llall barhau tan ddechrau'r 90au. Llaciodd yr addoldai eu gafael. Enciliodd llawer o'r ieuenctid at fannau gwyn fan draw yn y trefi a'r dinasoedd. Trodd bythynnod gwag yn dai haf cyn dod yn gartrefi parhaol i fewnfudwyr. Fel 'Cwm Carnedd' Tilsli, roedd 'wyneb llwm y Cwm cau / Yn braenu rhwng y bryniau'.

Am ryw reswm, er gwaethaf – neu hwyrach oherwydd – ei leoliad anghysbell a'i dawelwch, bu Cwmystwyth yn atynfa i nifer o bobl y cyfryngau. Fe brynodd Morfudd Mason Lewis, un o gyhoeddwyr cynnar radio a theledu'r BBC yn Gymraeg, dŷ yno. Hi fu'n gyfrifol am ddenu Merêd a Phyllis i'r Cwm yn ddiweddarach. Bu'r actor Griffith Jones yn byw yno. Yn wir, mae ei ferch, yr actores Gemma Jones, yn dal i gadw tŷ yno. Mae Ric Lloyd, gynt o'r Blew a'r Flying Pickets, yn byw yno ar hyn o bryd. Daeth y cerddor George Guest i fyw yno hefyd, ynghyd ag Eic Davies. Ac un arall sy'n dal cysylltiad â'r Cwm yw'r actores Samantha Bond, ei gwreiddiau yn y Felin a'r Brignant. Gwnaeth gryn enw iddi ei hun fel Miss Moneypenny yn rhai o ffilmiau James Bond. Fe wnaeth hi ymweld â'r Cwm ar gyfer llunio rhaglen *Coming Home* yn 2008 ac fe ymunodd â'r bobl leol am baned yn y festri. 'Ceir llun ohoni yng nghwmni Merêd,' medd Edgar. 'Roedd e'n arbennig o falch o'r llun hwnnw.'

Dod yno fel trigolion rhan-amser wnaeth Merêd a Phyllis yn gyntaf 'nôl yn 1972 cyn ymsefydlu'n barhaol yn 1985, pan ymddeolodd Merêd. Daeth Eluned y ferch a'r plant i fyw yno hefyd yn y cyfnod hwn.

Yn ôl Gladys, gwraig Gwyn, wnaeth Merêd ddim llaesu dwylo o'r cychwyn cyntaf. Aeth ati'n ddiymdroi fel rhyw genhadwr ysbrydoledig i geisio ail-greu bwrlwm y gymdeithas Gymraeg. A dymuniad cyntaf Phyllis oedd i bawb siarad â hi'n Gymraeg. Roedd hi wedi dechrau dysgu yng Nghaerdydd ac am ddal ar y cyfle yn y Cwm i loywi ei hiaith.

'Fe wnaeth Merêd a Phyllis bitsio mewn ar unwaith,' meddai Gladys. 'Roedd yma eisoes gymdeithas Saesneg wedi ei sefydlu ymhlith y mewnfudwyr. Doedd hynny, wrth gwrs, ddim wrth fodd Merêd. Yn wir, roedd e'n dân ar ei groen. Roedd yn rhaid cael cymdeithas uniaith Gymraeg. A dyna un o'r pethe cyntaf wnaeth e ar ôl dod yma'n barhaol ddeng mlynedd ar hugain yn ôl.'

Uchafbwynt Cymdeithas y Cwm, sydd â'i chartref yn festri Siloam, yw'r Cwrdd Bach, sef cwrdd cystadleuol llenyddol a gynhelir yn gynnar bob mis Ionawr. Bu Edgar yn gystadleuydd rheolaidd o'r cychwyn cyntaf. Enillodd droeon am ei draethodau ar hanes y fro.

'Mae'n siŵr y byddwn i wedi cymryd diddordeb mewn hanes lleol heb y Gymdeithas a'r Cwrdd Bach,' meddai. 'Ond hynny wnaeth sbarduno'r cymhelliad i osod y cyfan ar gof a chadw. Eilbeth oedd ennill gwobr. Y peth mawr oedd cystadlu. Mae'r Cwrdd Bach wedi darparu cyfle i bawb o bob oedran gyfrannu traethodau, cerddi, lluniau a darluniau, a'r cyfan wedi eu cadw. Mae llawer o'r cynnyrch wedi ymddangos mewn rhifynnau o'r papur bro, *Y Ddolen*.'

Merêd fyddai'r olaf i hawlio'r clod am weddnewid y sefyllfa yn y Cwm. A'r gwir yw bod y potensial yno eisoes yn mudlosgi. Ond roedd angen rhywun i roi cychwyn ar bethau. Rhywun i brocio'r tân cyn iddo ddiffodd yn llwyr. A Merêd oedd y marworyn a ailgyneuodd y fflam.

Fe fu cyfarfodydd diwylliannol cyn hynny. Am ddau aeaf bu'r Prifardd a'r cyn-Archdderwydd Bryn Williams yn cynnal cyfres o ddarlithoedd yno. A bu cyfarfodydd tebyg cynt ac wedyn. Ond darparodd y Cwrdd Bach y cyfle i aelodau'r Gymdeithas greu a chyfranogi yn hytrach na dim ond gwrando.

Barn pawb a ddaeth yn agos at Merêd yn y Cwm – ac roedd yna lawer o'r rheiny – yw iddo chwarae ei gardiau'n garcus iawn. Tra mai ef fyddai'n cynnig syniad, byddai'n dirprwyo'r cyfrifoldeb gan beri i bwy bynnag fyddai'n cyflawni'r ddyletswydd gredu mai ef neu hi gafodd y syniad yn y lle cyntaf. Ac roedd perswâd yn un o gryfderau mawr Merêd.

Un a ddaeth yn agos iawn ato yw Brython Davies. Ef fydd yn gyrru o gwmpas yn dosbarthu copïau o'r *Ddolen*. Mynnai

Merêd fynd gydag ef yn y car bob mis, a hynny bron iawn hyd y diwedd.

'Roedd yna un cartref a oedd braidd yn ddiarffordd ac yn golygu gorfod cerdded cryn bellter,' meddai. 'Fe geisiwn i berswadio Merêd i aros yn y car tra byddwn i'n cerdded draw. Ond na, mynnai ddod gyda fi, a hynny er mwyn dadlau â'r mewnfudwr oedd yn byw yno. Roedd y ffaith bod rhywun yn dangos cyn lleied o barch at yr iaith, ac at ei gymdogion oedd yn ceisio byw eu bywydau yn eu mamiaith, yn gwylltio Merêd. Roedd hwn wedi byw yno am ddeugain mlynedd ond heb fynd i'r drafferth i ddysgu gair o Gymraeg. Fe fyddai'n derbyn y papur Cymraeg er mwyn ceisio plesio Merêd. Ond dal i'w herio wnâi Merêd. Chwarae teg i'r dyn, fe ddaeth i'r angladd. Yno'r oedd e ar flaen y galeri yn methu credu fod yna gymaint wedi dod ynghyd i ffarwelio â Merêd.'

Un o ragoriaethau mwyaf Merêd, yn ôl y criw lleol, oedd ei allu i gyfathrebu â phobl. Byddai'n arbennig o hapus yng nghwmni plant, fel Megan a Tomos, ŵyr ac wyres Gwyn a Gladys. Gall Gwyn gofio un digwyddiad yn arbennig.

'Roedd Merêd ar y soffa, wrthi'n tynnu coes Tomos, a oedd tua phump oed ar y pryd, a dyma'r crwt yn holi,

"Faint yw dy oed ti?"

A Merêd yn ateb, "Rwy'n naw deg oed."

"Bachan, ti'n hen!" medde Tomos. "Pryd wyt ti'n mynd i farw?"

A Merêd yn chwerthin nes oedd dagrau'n llifo lawr ei wyneb.'

Megan wedyn. Bob pen blwydd byddai Merêd yn cyfansoddi pennill bach syml o gyfarchiad iddi. Mae hi wedi eu cadw nhw oll a'u trysori.

Roedd ganddo ddiddordeb byw yn hanes pobl gyffredin y fro, yn arbennig eu tafodiaith. Un o'i hoff bobl oedd Blod Sgubor-fach, oedd â stôr o hanesion, a'r rheiny yn nhafodiaith ardal Ffair-rhos. Pan fu farw Blod, cyfansoddodd Merêd gerdd goffa iddi a enillodd iddo brif wobr y Cwrdd Bach y flwyddyn wedyn. Byddai'n galw gyda Blod yn rheolaidd, a'r ddau yn aml yn mynd am dro o gwmpas y lle. A gall Brython gofio'r diddordeb a grëwyd ym Merêd pan glywodd enw ardal y Cwm ar yr enfys, sef 'Bwa Cyfamod'.

Golygai Capel Siloam lawer iddo. Ac er na wnaeth yr addoldy gau erioed, bu'n agos at hynny fwy nag unwaith. Ond yno eto trallwysodd Merêd waed newydd i'r achos. Ef fyddai'n cynnal yr ysgol Sul. Cofia Edgar y sesiynau trafod yn dda.

'Fe fydde Merêd yn dewis pedair neu bump adnod ac yna'n traethu arnyn nhw. Fe wnâi anghofio rhediad amser yn llwyr, gan siarad weithiau am awr a chwarter. A Phyllis yn pwyntio at ei watsh i'w atgoffa bod hi'n amser gosod pen ar y mwdwl. Roedd ei wybodaeth o'r Beibl yn anhygoel, hanes Gwlad Canan yn dod yn fyw o flaen ein llygaid. Gwyddai hanes y proffwydi a'r hen frenhinoedd fel Herod, hyd yn oed eu hachau. Roedd yr Hen Destament, yn arbennig, ar flaenau ei fysedd.'

'Doedd ganddo fawr ddim i'w ddweud wrth yr eglwys leol,' medd Gladys. 'Gwasanaethau dwyieithog gaed yno. Fe âi'n gandryll wrth feddwl am hynny. Fe fyddai, er hynny, yn mynychu gwahanol ddigwyddiadau'r eglwys. Ond ddim y gwasanaethau. Cymraeg oedd i fod, a dim ond Cymraeg.'

Er y gwyddai pawb lle safai Merêd yn wleidyddol, doedd yr un o'r criw yn cofio iddo erioed geisio pwyso arnynt. Yn hytrach, medd Brython, ceisio tynnu pobl i mewn drwy deg a wnâi. Dim pregethu, ond cymell.

Er hynny, cyfaddefai Merêd ei hun ei duedd i fod yn styfnig. Yn ôl Gwyn, disgrifiodd ei hun fwy nag unwaith fel 'donci'. Gwrthwynebodd yn ffyrnig godi melinau gwynt ar Gefn Croes. Yna dyma Gwyn yn dweud wrtho ei fod ef ei hun yn ystyried codi melinau ar ei dir ar y Glog uwchlaw'r Cwm. Ond roedd hynny'n plesio Merêd gan mai menter leol fyddai honno, a'r arian yn aros yn lleol. Oedd, roedd Merêd yn frogarwr yn ogystal â bod yn wladgarwr. Ac er iddo fyw mewn nifer o ardaloedd, y fro a garai fwyaf oedd y Cwm.

Gwelid enghreifftiau o'i styfnigrwydd yn aml. Ceir hanes am y criw yn mynd ar wibdaith i Gilmeri. Fel rhan o'r daith ymwelwyd â'r Amgueddfa Feics yn Llandrindod. Pan welodd

Merêd mai uniaith Saesneg oedd yr holl bosteri a'r arwyddion, gwrthododd fynd i mewn. Yn hytrach, aeth am dro i weld y llyn ac yna aeth yn ôl i eistedd yn biwis yn y bws wrtho'i hun.

Ond sirioldeb a'i nodweddai fwyaf. Ac fel cymydog, yn ôl Gwyn a Gladys, fedren nhw fyth gael ei well.

'Fydde fe byth yn cnocio ar y drws,' medd Gwyn, 'dim ond cerdded mewn a gofyn, "Oes yma bobol?" Ac yna byddai mewn yn y gegin o fewn eiliadau.'

Yn ôl Gladys, byddai wrth ei fodd yn troi ei law at goginio. Byddai'n bwyta'n iachus, ef a Phyllis. Weithiau fe wnâi holi am farn neu gymorth Gladys.

'Fe alwodd draw un dydd i ofyn am gyngor ar wneud grefi. Fe wnes i ei helpu ac am hydoedd wedyn bu'n canu clodydd Bisto Gravy Browning!'

Cadwai at yr un drefn pan ddeuai'n fater o siopa. Prin iddo gael ei weld erioed mewn archfarchnad. Na, cefnogai fusnesau bach lleol. Bu'n prynu cig yn rheolaidd oddi wrth Dai Davies yn Nhregaron. Wedyn, pryd o fwyd yn y Talbot. Naw mlynedd yn ôl cychwynnwyd gwasanaeth bws o'r Cwm i Aberystwyth bob dydd Iau gyda Brython yn gyrru. Hwn yw gwasanaeth Bws y Bryniau, ac yn ystod y blynyddoedd diwethaf byddai Merêd a Phyllis yn ei ddefnyddio'n rheolaidd. Yr un fyddai'r drefn bob dydd Iau. Pryd o fwyd a sgwrs yn Gannets ar dop y dre yng nghwmni John Bwlchllan. Wedyn prynu pysgod ym Mhysgoty Aberystwyth yn Lôn Cambria. Hadog melyn oedd ei hoff bysgodyn.

Byddai ef a Phyllis yn cerdded llawer, a hynny law yn llaw. Yn wir, gwelwyd Merêd yn cerdded yr hen lwybrau ar y nos Iau cyn iddo orfod mynd i'r ysbyty am y tro olaf, rhyw wythnos cyn iddo farw. Crwydrai lawer yng nghyffiniau'r hen waith mwyn plwm, lle bu ei dad unwaith yn llafurio. Bu hwnnw'n lletya yn y Barics gan seiclo adre ar nos Sadwrn i Lanegryn ac yna seiclo'n ôl trannoeth.

Deuai'r crwydro hwn â bendithion triphlyg iddo. Yn gyntaf, byddai'n mwynhau'r golygfeydd. Yn ail, câi gyfarfod â phobl a sgwrsio â nhw ar hyd y daith. Ac yn drydydd, roedd cerdded yn ddull o gadw'n iach a heini. Ac os na fyddai'r tywydd yn ddigon ffafriol iddo fentro allan, cerddai un ar hugain o weithiau o amgylch bwrdd y stydi. Byddai hon yn ddefod.

Yn ôl Gwyn, byddai Merêd yn cychwyn ei orchwylion dyddiol tua saith o'r gloch y bore. Rhyw baratoi erthygl neu sgwrs, hwyrach. Yna, tua chanol y bore, crwydro'r hen lwybrau. Weithiau byddai golau yn y stafell wely'n gynnar iawn gyda'r nos. Merêd, siŵr o fod yn gorffwys a gwrando ar y radio neu'n paratoi erthygl neu ddarlith arall.

'Os oedd e'n feistr ar osod geiriau ar bapur, doedd fawr ddim siâp arno o gwmpas y lle,' medd Gwyn. 'O ran yr ardd, wyddai e ddim beth fyddai pwrpas picwarch, hyd yn oed petai e'n berchen ar un. Fe alwais heibio unwaith a'i weld e'n ceisio hitio hoelen â morthwyl. Hitiai ei fawd yn amlach na'r hoelen. Bu'n rhaid i fi gymryd y morthwyl a'r hoelen o'i law a gwneud y gorchwyl drosto.'

Mae yna un digwyddiad a wnaiff aros ar gof Brython am byth. Roedd e'n gyrru o gwmpas gyda chopïau o'r *Ddolen* a Merêd a Phyllis yn eistedd yn y cefn. A'r ddau'n sydyn a dirybudd yn torri allan i ganu hen ganeuon gwerin. Eiliadau tragwyddol. A thristwch mawr, meddai, oedd y ffaith i Merêd golli ei lais canu ym misoedd olaf ei oes. Golygai hynny na fedrai ganu emynau yn y gwasanaeth ar ddydd Sul. Roedd hyn yn loes i'w galon. Ond roedd ganddo ateb. Mynnodd, yn hytrach na chanu, bod y gynulleidfa'n adrodd yr emynau. Os na fedrai ef ganu, châi neb arall wneud hynny chwaith!

Un ymgyrch y bu'n ganolog iddi fu adfer cyflwr y festri. Erbyn hyn mae cartref y Cwrdd Bach yn glyd ac yn gynnes gyda phob adnodd modern. Llwyddwyd i ddenu grant o £21,000. Pwy oedd y noddwyr? Neb llai na chwmni melinau gwynt Cefn Croes, cynllun a oedd wedi gwylltio Merêd gymaint! Ond doedd fawr o ots ganddo o ble deuai'r arian. Roedd e at achos da. Ac roedd unrhyw achos a ddeuai â budd i'r Cwm yn achos da.

Un o ddymuniadau olaf Merêd i'w gwireddu fu ailsefydlu Eisteddfod y Cwm ym mis Medi 2015 wedi bwlch o 54 mlynedd. Dewiswyd ef i fod yn Llywydd Anrhydeddus. Ef wnaeth ddewis testun y Gadair. Ychydig a wyddai bryd hynny mai cerdd deyrnged er cof amdano ef ei hun wnâi ennill. Fel Moses gynt, ni chafodd fyw'r freuddwyd o fod yno. Ond Steddfod Merêd oedd hi. A Steddfod Merêd fydd hi mwyach.

'Mae hi'n wag yma hebddo,' medd Gwyn. 'Mae'n anodd derbyn ei fod e wedi mynd. Weithiau, ganol y bore, fe fydda i'n disgwyl ei weld yn cerdded fyny'r llwybr law yn llaw â Phyllis ac yn gweiddi ei "fore da" siriol. A rhywfodd mae e'n dal yma drwy'r hyn a adawodd ar ei ôl.'

Yn y cyfamser, mae'r olyniaeth yn parhau. Mae Edgar eisoes wedi cyhoeddi y cynhelir y Cwrdd Bach fel arfer ar ail nos Wener y flwyddyn. Parhau â'i ddrysau'n agored ar y Sul wna Siloam, er bod y trafodaethau yn yr ysgol Sul yn fyrrach bellach. A pharhau wna'r eisteddfod. Roedd Brython eisoes wedi gafael yn awenau'r dosbarth dysgu Cymraeg ddwywaith y mis, menter a gychwynnwyd gan Merêd.

'Roedd ef a Phyllis yn bresennol yn fy nau gyfarfod cyntaf,' medd Brython. 'Roeddwn i braidd yn nerfus. Ac roedden nhw yno i wneud yn siŵr y medrwn i ddygymod. Ar ddiwedd yr ail gyfarfod, wrth iddo fynd allan, fe osododd Merêd ei law ar fy ysgwydd a sibrwd, "Da iawn, 'rhen Bryth. Fydd dim rhaid i fi alw eto." Ac fe wyddwn wedyn na fydde angen i fi boeni mwy. Fe fydde popeth yn iawn. Roedd Merêd wedi dweud hynny.'

Bywyd Teuluol

Eluned gyda Phyllis, Kathryn ac Elinor

Pan ddaru fy nhad a 'mam gyfarfod, ac wedyn priodi, mi newidiodd hi ei fywyd o mewn ffordd na fedra neb arall fod wedi gwneud. Nid yn unig roedd hi'n ddawnus a golygus, ond roedd hi'n rhywbeth prin ac egsotig yng Nghymru ar ôl y rhyfel, sef cantores opera oedd yn canu caneuon gwerin Cymraeg yn Gymraeg. A'r briodas oedd y man cychwyn i bartneriaeth gyfoethogodd eu bywydau a chreu uned deuluol glòs sydd wedi estyn trwy bedair cenhedlaeth.

Cyfarfu'r ddau am y tro cyntaf yn 1947 yng nghantîn y BBC ym Mangor. Erbyn 1948 roeddent wedi priodi, a flwyddyn yn ddiweddarach roeddent wedi cael plentyn. Wrth edrych yn ôl dros y blynyddoedd hyn, mae Mam yn dweud am Merêd, 'Roedd o'n gymaint o hwyl, ac yn ddisglair hefyd. Roeddet ti eisiau treulio dy holl amser efo fo. Roedd y blynyddoedd hynny'n rhai hapus iawn.' Wrth gwrs, doedd hi ddim yn medru siarad Cymraeg ar y pryd, ond o'r dechrau, roeddent yn canu gyda'i gilydd yn Gymraeg. Roedd hi'n bartneriaeth hapus fyddai'n datblygu a chryfhau dros y blynyddoedd.

Ond doedd byw efo fy nhad ddim, bob amser, yn hawdd i Mam. Roedd ganddo dymer danbaid ac roedd ambell ffrae yn medru bod yn stormus, a dweud y lleiaf. Doedden nhw ddim ond wedi nabod ei gilydd am ychydig fisoedd cyn priodi ac fe gymerodd hi dipyn o amser iddyn nhw ddod i arfer â'u sefyllfa newydd a disgwyliadau'r naill o'r llall. Pan briododd y ddau, rhoddodd fy mam y gorau i yrfa addawol ym myd opera er mwyn gwneud cartref ar gyfer y ddau ohonynt yn Harlech, ac ar ôl i mi gael fy ngeni aeth ei bywyd hi'n fwy cyfyngedig byth. Ychydig cyn iddi hi briodi, sgwennodd hyn at ffrind agos yn America: 'I do not feel any sorrow or great loss at giving up my operatic career for a home and family... there is no question of my giving up my singing however.' Mi fyddai llawer o ddynion o'r un genhedlaeth wedi ei chael hi'n anodd ymdopi â sefyllfa debyg, ond fe wnaeth fy nhad annog Mam i barhau i ganu'n broffesiynol. Mewn tipyn daeth merch leol o'r enw Martha Lloyd i helpu i edrych ar f'ôl i ac fe ddaeth hi efo ni pan symudon ni o Harlech i Whittington, ger Croesoswallt, yn 1950.

Doedd bod yn ferch i Merêd ddim yn hawdd chwaith. Er i ni dreulio llawer o amser efo'n gilydd pan oeddwn yn blentyn ifanc yn America, unwaith y daethom yn ôl i Gymru ac i fyw i Borthaethwy tyfodd rhyw bellter rhyngom. Roedd hynny'n rhannol oherwydd fy nheimladau cymysg, a dig, ynglŷn â chael fy ngwahanu oddi wrth fy nheulu, fy ffrindiau a phopeth oedd yn gyfarwydd i mi, er mwyn dod i wlad newydd lle roedd popeth yn ddiarth, gan gynnwys yr arian a'r iaith. Cefais lot o sylw fel 'merch Merêd' – a doedd o ddim bob amser yn bleserus. Roedd fy nhad yn ei chael hi'n anodd iawn deall pam nad oeddwn i'n medru derbyn Cymru fel fy nghartref. Roeddwn i'n teimlo fel dieithryn, ac yn waeth byth roedd fy nhad i ffwrdd oddi cartre'n aml, naill ai'n dysgu dosbarthiadau nos neu'n perfformio mewn gwahanol lefydd yng Nghymru ben baladr. Oni bai am Vera, fy ffrind gorau, wn i ddim sut byddai pethau wedi bod. Ddaru'r sefyllfa ddim gwella llawer ar ôl i ni symud i Gaerdydd yn 1963. Unwaith eto, roedd yn rhaid i mi adael fy ffrindiau ac addasu i gartref ac ysgol newydd. Er bod bywyd Caerdydd, ac yn enwedig bywyd y BBC, yn medru bod yn gyffrous a llawn hwyl, unwaith eto roedd fy nhad yn gorfod gweithio oriau hir, yn aml yn y nos. Wrth edrych yn ôl, ac i feddwl fy mod i yn fy arddegau gwrthryfelgar, mae'n syndod na ddatblygodd bwlch mwy rhyngon ni. Ond a dweud y gwir, dros y blynyddoedd, fe ddaethon ni'n agos iawn, er gwaetha'r ffaith i mi ei siomi o droeon. Roedd gan fy nhad un rhinwedd arbennig – a phrin iawn – sef y gallu i gasáu'r ymddygiad ond caru'r person.

Wrth i mi dyfu'n oedolyn a dechrau magu teulu, roedd fy nhad yn mynd trwy broses o ailasesu ei fywyd. Rhoddodd y gorau i yfed ac ysmygu ac ymhen amser, yn 1973, gadawodd y BBC a mynd yn ôl i ddysgu oedolion. Roedd o hefyd, wrth wneud hynny, yn rhydd i fod yn fwy gweithgar yn yr ymgyrchoedd a oedd agosaf at ei galon, yn enwedig yr ymgyrch dros ddyfodol yr iaith. Erbyn hynny roedd fy rhieni wedi prynu'r tŷ yng Nghwmystwyth ac i fan'no, yn 1975, ddes innau gyda fy mhlant, Kathryn a Gareth, ar ôl i fy mhriodas chwalu. Roedd hyn yn mynd i fod yn newid arbennig o bwysig ym mywyd y tri ohonom – a fy nhad ddylai gael y clod pennaf am hyn.

Dyma ddywed Kathryn am ein bywyd teuluol ar y pryd:

Pan oeddwn i'n chwech a Gareth yn bedair, symudon ni i fyw i dŷ Nain a Taid yng Nghwmystwyth. Roedden nhw'n dal i fyw yng Nghaerdydd ond fydden nhw'n dod i fyny y rhan fwyaf o'r penwythnosau, felly bob bore Sadwrn a Sul roeddwn i'n arfer mynd atyn nhw i'r gwely i gael stori. Byddai Taid yn sôn am y Mabinogi a hanes Cymru a byddai Nain yn adrodd straeon am y 'Greeko Man' – cymeriad ddaru hi ei greu ar ôl i ni weld llun o wobr BAFTA yn y *Radio Times*. Er i mi symud cryn dipyn dros y blynyddoedd, Cwmystwyth oedd fy nghartref. 'Nes i erioed feddwl na faswn i'n medru mynd yn ôl yno am wyliau, hyd yn oed pan oeddwn i'n fyfyrwraig. Roedd croeso cynnes i ni yno bob amser, hyd yn oed pan oedden ni'n cyrraedd yn gwbl ddirybudd. Roedd Taid a Nain yn meddwl am Afallon fel ein cartref corfforol ac ysbrydol, ble bynnag fydden ni'n byw ar y pryd.

Aethon ni i'r Eisteddfod Genedlaethol bob blwyddyn o 1976 ymlaen. Roedd cerdded o gwmpas y Maes efo

Taid yn debyg i ryw fath o *royal progress*! Byddai'n ein cyflwyno ni bob amser, i bwy bynnag roedd o'n sgwrsio efo nhw, ac fe fydden ni'n rhoi pum munud iddo fo efo pob un cyn tynnu ar ei lewys i symud ymlaen. Roedd hi'n teimlo fel tasa fo'n nabod pawb yng Nghymru a bod y rhan fwyaf ohonynt wedi bod yn y coleg efo fo!

Daeth pob math o bobl ddiddorol i'w weld o yng Nghwmystwyth hefyd. Un diwrnod, tra oeddwn i allan, daeth Windsor Davies i'r pentref a gofyn ble roedd Merêd yn byw. Gwnaeth hyn argraff fawr iawn arnon ni fel plant.

Buan y byddai Kathryn, Gareth ac, yn ddiweddarach, Elinor, yn gweld bod fy nhad wrth ei fodd yn rhannu straeon am y teulu ac yn mwynhau jôc fach. Kathryn unwaith eto:

Byddai Taid yn mynd â ni allan am dro'n aml iawn, ac wrth i ni gerdded o gwmpas byddai'n sôn am ei blentyndod a'i flynyddoedd yn gweithio yn y Coparét ym Mlaenau Ffestiniog a'r holl ddrygioni a wnaeth o pan oedd yn hogyn bach. Un o'i hoff straeon oedd sôn am y cystadlu ymysg y bechgyn i weld pwy fyddai'n medru piso uchaf i fyny wal yr ysgol; ar y pryd, roeddwn i'n meddwl bod y stori honno yn ofnadwy o goch! Rhannodd lawer o straeon am ei deulu efo ni, yn enwedig am y modrybedd a oedd yn gorfod mynd allan o Gymru, yn ifanc iawn, i weithio i'r teuluoedd mawr yn Lloegr; a hefyd am ei dad yn rhedeg i ffwrdd, yn fachgen ifanc, i ymuno â llong hwylio a mynd ar y môr.

Roedd cadw mewn cysylltiad â'r teulu yn bwysig iawn iddo fo a fasen ni'n mynd efo fo yn aml i ymweld â theulu. Doedd o ddim yn rhannu unrhyw wybodaeth ymlaen llaw, dim ond penderfynu mynd – ac off â ni! Anaml iawn fydda fo'n mynd hebddo ni, ond pan ddigwyddai hyn, roedd peryg y bydda fo'n dod yn ôl efo rhywbeth od, annisgwyl. Un dydd Sul, flynyddoedd cyn bod siopau'n agor ar ddydd Sul, daeth adref efo *lawnmower*; dro arall, ac er mawr ofid i Mam, daeth adref efo *budgie* o'r enw Llywelyn!

Gallai teithio efo fy nhad fod yn addysg ynddi'i hun ac yn beryglus, yn enwedig pan oeddwn i'n gyrru. Yn addysgol oherwydd ei fod o'n nabod pob twll a chornel o Gymru, ac yn beryglus oherwydd ei fod o'n mynnu dweud wrtha i, a phwyntio pob un allan yn llythrennol wrth i ni hedfan heibio. Wrth gwrs, y llinyn arian a redai trwy fywyd fy nhad oedd yr ysfa i rannu gwybodaeth, a thrwy wneud hynny, rhannu ei gariad tuag at ei ddiwylliant, ei iaith a'i wlad.

Cafodd fy mhlant i gyd brofiad o hyn. Meddai Kathryn:

Roedd teithio yn y car efo Taid yn golygu trafodaethau ar ystod eang o bynciau. Byddai'n siarad â ni fel pe baen ni'n oedolion. Rwy'n ei gofio fo, unwaith, yn gwrando'n astud wrth i mi ddisgrifio fy syniadau am ryw fath o gymdeithas iwtopaidd, sosialaidd, oedd bron yn gomiwnyddol. Ddaru o ddim awgrymu o gwbl fod ganddo unrhyw amheuon ynglŷn â fy syniadau. Mae'n siŵr fy mod i tua naw oed ar y pryd ac ateb gen i i bopeth. Pan oedd fy merch Anna yn ddeg oed, fe ffoniodd hi Taid i ofyn iddo fo sut yn union roedd theori esblygiad yn cyd-fynd â stori'r Beibl ac fe gafodd esboniad trwyadl o'i syniadau o ar y pwnc. Dro arall, pan oedd Anna tua wyth oed, roedd hi'n meddwl mai Taid oedd wedi dyfeisio'r Gymraeg. Pan ddywedais hynny wrtho fo y tro nesaf i ni siarad ar y ffôn, roedd o wrth ei fodd!

Yn 1995 cawsom ergyd ofnadwy, fel teulu, pan gollon ni fy mab Gareth yn sydyn iawn ac yntau ond yn 24 oed. Roedd fy nhad, fel y gweddill ohonon ni, mewn cymaint o sioc fel nad oedd o'n medru canolbwyntio ar ddim byd am rai misoedd. Gwnaeth fy rhieni bopeth o fewn eu gallu i roi cymorth a chysur i'r gweddill ohonom. Roedd fy nhad yn gwybod o brofiad sut beth oedd colli brawd ac roedd o'n poeni'n arbennig am Kathryn, a oedd ar drothwy gyrfa newydd a bywyd annibynnol.

Yn fuan ar ôl angladd Gareth aeth fy rhieni i Lanrug i aros efo'u ffrind agos John Roberts Williams. Aethon nhw hefyd o gwmpas Llŷn, Eifionydd ac Ynys Môn, i weld Guto a Marian Roberts a llawer o ffrindiau eraill. Wrth dreulio amser efo ffrindiau yn ei wlad annwyl y dechreuodd fy nhad ddod ato'i hun am y tro cyntaf ers colli Gareth. Yn dilyn y seibiant hwn, sgwennodd hyn yn ei ddyddiadur:

> Yn fawr ein diolch a thrwm ein dyled i'r hen gyfaill John. Yn ddiolchgar iawn hefyd am gynhaliaeth o du Guto a Marian. Ers hynny rwyf wedi bod yn dechrau gosod trefn ar fy llythyrau a'm papurau. Maen nhw mewn cyflwr blêr, ffwr-â-hi. Rwy'n cael cyflawni peth mecanyddol fel hyn yn fendith. Yr hyn nad oes gen i awydd mynd i'r afael ag o, ar hyn o bryd, ydi gwaith ymchwil. Ond diau y daw hynny yn ei dro.

Cafodd dylanwad fy nhad effaith barhaol ar bob un ohonon ni yn y teulu. Mae profiad Kathryn yn nodweddiadol:

> Ddaru 'run ohonom erioed amau nad oedden ni'n wych oherwydd ddaru Nain a Taid erioed roi'r rheswm lleiaf i ni feddwl i'r gwrthwyneb. Roedd Taid yn hollol hyderus y medrwn i gael lle yng Nghaergrawnt fel Ysgolor Corawl pe bawn i eisiau. (Roedd hi'n amlwg nad oedd hynny'n mynd i ddigwydd, ond mae'n braf bob amser bod gan rhywun ffydd ynddoch chi!) Roedd Taid yn ddylanwadol iawn yn fy helpu i osod fy nghwmpawd moesol, a'i ddylanwad o arweiniodd fi at sosialaeth. Ofynnodd rhywun i mi'n ddiweddar o lle daeth fy nghred gref mewn undebaeth. Dywedais wrtho, er nad oeddwn yn medru cofio unrhyw drafodaeth benodol ar y pwnc, mae'n rhaid ei bod wedi dod oddi wrth fy nhaid.

Roedd Taid yn ddyn arbennig o hael efo'i amser a'i arian a chymerai ddiddordeb ym mhopeth a wnaen ni. Hyd at ddiwedd ei oes, roedden ni'n siarad â'n gilydd bob wythnos a gofynnai bob tro am y gwaith a sut roedd pethau'n mynd, a pha bethau eraill oedd ar y gweill ganddon ni. Gwnâi'r un peth efo'r plant, Anna a James. Roedd yna chwithdod mawr pan gafodd Anna ei chanlyniadau TGAU yn haf 2015 a hithau'n methu eu trafod nhw efo Taid. Mae gan fy ngŵr, Peter, atgofion tebyg o siarad efo fo am bob math o bethau – trafodaethau ynglŷn â gwreiddiau geiriau Cymraeg a dosbarthiadau Cymraeg byrfyfyr yn y car ar y ffordd i weld y rygbi yng Nghaerdydd.

Ar adegau, roedd hi'n anodd iawn i'r teulu fyw efo fy nhad. Roedd hi'n hawdd teimlo weithiau fod anghenion y teulu yn dod yn ail i anghenion Cymru a'r iaith. Er enghraifft, bob bore byddai John a minnau yn mynd drws nesaf i Afallon i gael coffi gyda fy rhieni. Mi fydden ni'n trafod rhywbeth oedd yn bwysig i ni pan fyddai'r ffôn yn canu a fy nhad yn codi'n syth. Fydda fo yno, weithiau, yn siarad am chwarter awr neu fwy tra bydden ni'n aros i orffen ein sgwrs. Enghraifft bitw, efallai, ond mi ddigwyddai pethau tebyg yn aml – ac weithiau roedd y canlyniadau'n llawer gwaeth. Roedd canlyniadau gweithredoedd Pencarreg a Chaerfyrddin ac araith Abergwaun yn effeithio'n drwm arnom fel teulu. Ond roedd yr holl rwystredigaethau a'r casineb yn bris roedden ni'n barod i'w dalu os oedd o'n golygu bod fy nhad yn teimlo'n ddigon diogel oddi fewn i'r uned deuluol i fedru ymgyrchu, yn ffyddiog ein bod ni fel teulu yn gadarn yn ein cefnogaeth a'n cariad tuag ato fo. Roedd pob un ohonom yn gwybod, heb os nac oni bai, ei fod yntau'n teimlo'n union yr un peth tuag atom ninnau.

Daeth fy merch ieuengaf, Elinor, a symudodd i fyw efo'i theulu i Awstralia ym Medi 2011, yn ôl am ymweliad byr yn Awst 2014. Fel y digwyddodd hi, hwn oedd y tro olaf iddi hi weld ei thaid, felly mae'n addas iawn ein bod ni'n gorffen gyda'i hatgofion hi am yr amser gafodd hi gydag o:

> Fel rhan o f'ymweliad â Chwmystwyth roeddwn i am dreulio diwrnod yn ymweld â'r Canolbarth ac yn ailgysylltu yn ddiwylliannol â'm mamwlad. Roedd gen i syniad, braidd yn niwlog, o ymweld â'r eglwys fach yn Niserth a chapel Soar y Mynydd. Felly awgrymais y peth dros frecwast efo Nain a Taid a gofynnais oedd ganddyn nhw unrhyw syniadau am lefydd eraill i fynd. Cynhyrfodd Taid ac awgrymu llu o lefydd eraill y dylwn i ymweld â nhw. Awgrymais y gallai Taid ddod efo mi am ddiwrnod o chwilota, a chyda Taid yn llawn cynnwrf a Nain yn llawn pryder, penderfynwyd gwneud hynny. Felly, off â ni ar y ffordd fynyddig i Rhaeadr gyda stori neu wers hanes gan Taid ar bob troad yn y ffordd. Aethom heibio cronfeydd dŵr Cwm Elan a thrwy Rhaeadr i adfeilion Abaty Cwm Hir. Doedd y mynediad i'r abaty ddim yn glir, felly ddaru ni brancio'n ddireidus trwy ardd gefn rhywun a phlygu dan eu lein ddillad er mwyn cyrraedd yr adfeilion a thalu gwrogaeth i Llywelyn ap Gruffudd. Ar ein ffordd yn ôl at y car sylwon ni fod y llwybr swyddogol wedi ei farcio'n glir. Lwcus na chawson ni'n dal yn tresmasu!
>
> Ein stop nesaf oedd eglwys ganoloesol Sant Cewydd yn Niserth. Roedd yr ymweliad yma yn brofiad anghyffredin iawn i Taid – heneb Gymreig nad oedd o wedi ymweld â hi o'r blaen. Mae'r eglwys ei hun yn drysor, efo eisteddleoedd cynnar a nodweddion hanesyddol eraill. Roedd y ffaith ein bod ni'n medru cael ateb i bron unrhyw gwestiwn wrth ofyn i Google yn gwneud argraff fawr ar Taid, yn enwedig pan ddaru Google gadarnhau mai yr un yw'r James Watt Esq. sydd â'i enw ar un o'r eisteddleoedd â'r James Watt oedd yn enwog am ddyfeisio'r injan stêm. Yr unig siom gafodd o oedd nad oedd o'n medru mynd i mewn i'r tŵr – dim ots pa mor galed nac i ba gyfeiriad roedd o'n troi handlen y drws.

Yn dilyn pryd ysgafn, aeth ein taith trwy hanes Cymru yn ei blaen heibio i Gilmeri ac ymlaen i Soar y Mynydd. Cawsom gyfle i drafod pob math o bynciau gwahanol ar y daith; o hanes i grefydd ac o ddaeareg i gerddoriaeth. Ond ar y ffordd adref, datblygodd rhyw dawelwch cyfeillgar rhyngom wrth i'r ddau ohonom gydnabod, yn dawel bach, mai hwn fyddai'r tro olaf i ni fynd ar daith o'r fath efo'n gilydd. Wrth edrych yn ôl trwy'r lluniau a dynnais o'r daith yna, rwy'n cofio'n dda yr hwyl a'r antur, ond hefyd y tristwch ein bod ni'n dau, mewn ffordd, yn ffarwelio am y tro olaf.

Teyrnged o Israel

Uri a Yaara Orlev

Hen ffrindiau i'r teulu Evans yw Uri a Yaara Orlev sydd yn byw yng Nghaersalem yn Israel. Cafodd Uri Orlev, awdur byd-enwog, yn enwedig ym maes llyfrau plant, ei eni yn Warsaw yng Ngwlad Pwyl yn 1931, a threuliodd flynyddoedd cynnar yr Ail Ryfel Byd yn y geto yn Warsaw. Ar ôl i'r Natsïaid ladd ei fam, cafodd Uri a'i frawd eu smyglo allan o'r geto a threuliodd y ddau ohonynt ychydig amser yn ceisio cuddio rhag y Natsïaid. Ond, yn 1943, cawsant eu dal a'u hanfon i wersyll-garchar Bergen-Belsen. Cafodd y ddau eu rhyddhau ar ddiwedd y rhyfel ac, ar ôl ychydig o amser, symudodd Uri i fyw i Israel. Ddaru o ddim gweld ei dad, oedd wedi ei garcharu mewn 'gulag' gan y Rwsiaid, tan 1954. Yn 1964 priododd Uri â Yaara Shalev, therapydd a hyfforddwraig symudiadau dawns, ac mae ganddyn nhw ddau fab, un ferch a phump o wyrion. Yn 1996, derbyniodd Uri Fedal Aur Hans Christian Andersen am ei gyfraniad oes, yn enwedig ym maes ysgrifennu i blant. Dyma beth mae Uri a Yaara wedi ei ysgrifennu er cof am Merêd.

The phone rang; the year was 1988, and the person calling introduced himself as Merêd Evans, a colleague and close friend of Uri's cousin, Edmund Fryde, who was a Professor of History at the University of Wales, Aberystwyth, Wales. Merêd was staying in Jerusalem for a couple of weeks, while filming a television series commemorating the 400th anniversary of the translation of the Bible into Welsh. Edmund had asked Merêd to call Uri in order to meet with him and give him the latest news about Edmund, who was known in Poland by the name Bolek. Life had taken Edmund on a journey from pre-World War II Warsaw, across England and the USA, until he finally landed in Aberystwyth. All those years, the two cousins, Uri and Edmund, had kept in contact via letters, but unfortunately, for various reasons, as often is the case in life, they were never to meet again.

But back to the phone call. We invited the person who called – Merêd, dear, dear, Merêd – to our house and from that very first meeting, and the meetings that followed, we just fell in love with this friendly, charming man, who was so full of life; so full of stories. In his soft, slightly husky voice, he told us about Edmund; about Edmund's somewhat tragic life, and about his own life. We were completely taken by his fascinating life-story and the way he brought the picture of his home, Wales, to life through his personal history, some of which was familiar to us from the lovely novel *How Green Was My Valley*. The green hills, the grey, grim slate-mine mountains of his childhood, the passion for singing, so typical of the Welsh, all these came to life through his stories.

Eventually, of course, Merêd returned home, and a few years passed during which phone calls and letters were exchanged between Edmund and Uri. And then, a letter arrived from Merêd, telling us about Edmund's sudden death.

Yaara called him, to thank him for the letter and to learn more about what had happened, and was invited to visit Cwmystwyth with Uri. From that phone call, a friendship between the two families – the Evanses and the Orlevs – began; a deep, warm, family-like relationship which lasts to this day.

Merêd and Phyllis stayed with us in Jerusalem during a visit to be remembered. In a home-concert for two viola-da-gamba (Yaara as a beginner student on the instrument, together with her teacher Mirjam) attended by our children and close friends, we were all simply enchanted by their personality – their warmth, sense of humour, curiosity and music. They sang with us, and sang for us. It was so lovely!

We travelled together in the country and Merêd was so excited to recognize places and names he knew from the Old and the New Testaments. We later visited them in Wales quite a few times and met their family and friends. We have their lovely photo hanging on our refrigerator among our grandchildren and most beloved friends.

After Merêd passed away, our son Itamar and his wife Leanne, who knew and loved him, decided to add Merêd's name as their three-month-old baby's middle name in his honour and memory. Now his name is Alex Merêd Orlev-Raday, and, believe me, this baby, our youngest grandson, shows much of Merêd's temperament – especially his friendliness and strong will.

Often, while driving, I listen to my CD of Merêd singing Welsh folk songs. Listening to his warm beautiful voice, I always regret the fact that we didn't meet sooner, while at the same time feeling grateful and lucky for having ever met such a unique, remarkable man.

Dyma ran o'r dyddiadur a gadwodd Merêd yn ystod yr ymweliad ag Israel yn 2006:

Ebrill 2 (Sul): Noson i'w thrysori'n y cof oedd neithiwr. Y fath gymdeithasu! A'r gerddoriaeth, ar ei phen ei hun gan Ya'ara ac ar y cyd â'i hathrawes Miriam ar y ddwy Viola da Gamba, yn hyfryd i wrando arni. Ac ar ddiwedd ei chyflwyniad unigol, rhoes Ya'ara inni: 'Dacw Nghariad i Lawr yn y Berllan' a 'Ble Rwyt Ti'n Myned yr Eneth Ffein Gu?' Dyma'r cwmni a ddaeth ynghyd: Dror a Sabine (yn briod â'i gilydd – Dror wedi astudio'r Gyfraith ym Mhrifysgol Caerlŷr a Choleg Lincoln, Rhydychen; a Sabine o Dde Fietnam, yn gweithio ar Ddoethuriaeth mewn Ieitheg Gymharol ym Mhrifysgol Jerusalem; Dror hefyd wedi treulio wythnos yn teithio trwy Gymru gan ymweld yn ei dro â Chwarel Llechwedd); Leanne ac Ithamar [merch yng nghyfraith a mab Uri a Yaara]; Judy, cyfeilles agos i Uri a Ya'ara yn enedigol o'r Alban ond wedi ei magu ers yn fychan iawn yn Jerusalem...; Talya, merch fywiog, 33 mlwydd oed, Hillel a Marcia Halkin [roedd Merêd a Phyllis wedi cwrdd â nhw yn gynharach yn yr wythnos], newyddiadurwraig eang ei diddordebau diwylliannol; Miriam... athrawes Ya'ara a pherfformiwr gwych ar y Viola da Gamba, a roes inni hefyd ragymadrodd cryno ar hanes yr offeryn; yna Uri, Ya'ara, Michael [eu mab arall], a'r ddau o Gwmystwyth, y trefnwyd y noson ar eu cyfer!

A'r noson wedyn, ei noson olaf yn Israel cyn dod adref, ysgrifennodd hyn:

Gyda'r nos, dros egwyl swpera, cawsom gyfle i gyfarfod ag un arall o gyfeillion yr Orleviaid... Mae'n Oncolegydd o fri yn Israel, ac yn gydwladol; yn aelod amlwg hefyd o fudiad a elwir 'Physicians for Human Rights (Israel)' sy'n cynnal gwasanaeth clinigau symudol ymysg y Palesteiniaid (yn arbennig y difreintiedig) ers blynyddoedd. Gwraig fedrus dros ben, rhyddfrydig ei daliadau gwleidyddol ac fel yr Orleviaid yn dyheu am weld terfyn ar yr ideolegau adweithiol sy'n rhwygo'r Dwyrain Canol. Gwnaeth argraff gref arnaf.

Mi a glywais...

Merêd, ai ti yw'r hedydd – a welaf
    yn gelain, a'r llofrudd
   wedi dwyn ei adenydd?
   Os hwn wyt ti, rwyt ti'n rhydd.

Gruffudd Antur

Trafod Diwinyddiaeth gyda Merêd
(Eisteddfod Meifod, Awst 2015)

Cynog Dafis

Un cymhwyster, a dim ond un, sy gen i i draethu ar ddaliadau crefyddol Merêd, sef i fi gwrdd ag e dair gwaith yng ngaeaf 2014–15 i drafod diwinyddiaeth.

Roeddwn-i wrthi ar y pryd yn ysgrifennu llyfr, ar y cyd ag Aled Jones Williams, o dan y teitl *Duw yw'r Broblem*.

Mi ofynnais i Merêd yn y lle cyntaf fod yn un o'r tystion roeddwn-i'n cyfweld â nhw ynghylch eu hanes ysbrydol. Cydnabod oedd y rhain a oedd wedi'u magu yn y ffydd ond eu bod naill ai wedi cefnu arni am eu bod wedi'i cholli, neu wedi gorfod ei hailbrosesu, neu ei hailddiffinio, er mwyn parhau 'o fewn y gorlan'.

I'r ail gategori roedd Merêd yn perthyn. Fe barhaodd yn weithgar yn grefyddol hyd y diwedd, yn arbennig drwy arwain y cyrddau – ar ffurf gwasanaethau traddodiadol, sesiynau o ddistawrwydd yn ôl arfer y Crynwyr, a chylch trafod/ysgol Sul – yng nghapel bro'i fabwysiad, Cwmystwyth.

Cydsyniodd yn barod iawn i'r cyfweliad a dyma, yn fras iawn, yr hyn ddwedodd-e wrthyf-i yn ein cyfarfod cyntaf.

Cafodd ei fagu mewn traddodiad capelyddol hynod o gyfoethog pan oedd rhyddfrydiaeth ddiwinyddol pregethwyr megis Miall Edwards, Vernon Lewis a J. W. Jones, Conwy, yn ddylanwadol. Yng nghyfnod ei lencyndod, ac yntau'n gyflogedig ym musnes cydweithredol Blaenau Ffestiniog ('y Coparét'), bu'n aelod o grŵp o wŷr ifainc lleol a fyddai'n cwrdd yn gyson i drafod syniadau blaengar yr oes, gan ddarllen llyfrau awduron megis yr Huxleys. Roedden-nhw'n gydnabyddus â theorïau gwyddonol newydd, gan gynnwys gwaith Einstein, ac yn sylwi ar y modd roedd gwyddoniaeth yn arwain datblygiadau'r oes. Fe wydden-nhw am dwf atheïstiaeth.

Dechreuodd wedyn ar gwrs coleg gyda golwg ar y weinidogaeth ac yna gefnu ar y bwriad, nid, fe bwysleisiodd, oherwydd yr amheuon diwinyddol real iawn a oedd yn dechrau'i boeni, ond am ei fod yn teimlo nad oedd yn ddyn digon da.

Pan aeth ymlaen i Brifysgol Bangor i astudio Athroniaeth fe sigwyd ei ffydd uniongred ymhellach. Gwnaeth astudiaeth arbennig o waith yr Albanwr David Hume, tad atheïstiaeth Brydeinig, maes ei Ddoethuriaeth yn nes ymlaen. Gyda balchder a brwdfrydedd amlwg fe ddangosodd i fi ei gasgliad o weithiau hwnnw a llyfrau amdano. Dyfnhawyd ei amheuon am athrawiaethau Cristnogaeth uniongred wrth astudio gwaith Bertrand Russell a'r positifiaid A. J. Ayer a Gilbert Ryle.

Fodd bynnag, fe gafodd oleuni newydd o gyfeiriad y cyfrinwyr. O dan eu dylanwad nhw gwawriodd dealltwriaeth newydd. Fe ddaeth i'r casgliad yn y lle cyntaf nad oedd modd *gwybod* dim am Dduw. Soniodd wrthyf-i am stori Moses a'r berth yn llosgi. 'Ydwyf yr hyn ydwyf', a dim mwy, oedd yr ateb pan ofynnodd Moses pwy oedd y sawl a lefarodd wrtho o ganol y berth.

Yn ail fe ddysgodd fod modd, serch hynny, ymdeimlo â phresenoldeb Duw, drwy brofiadau a datguddiadau, ac yn arbennig drwy *ras* – gair allweddol i Merêd – sef yr hyn sy'n ymestyn atoch-chi o'r tu allan i chi'ch hunan, yn rhodd rad, ddiamodol. Mewn cymhariaeth â chyfoeth felly, meddai, beth oedd gan y positifiaid i'w gynnig? Wrth baratoi hyn o eiriau mi ailddarllenais draethawd llachar, meistrolgar, rhyfeddol Merêd yn y gyfrol *Meddwl a Dychymyg Williams Pantycelyn* (gol. Derec Llwyd Morgan) ar 'Pantycelyn a Thröedigaeth'. Yn y traethawd mae'n dadansoddi'r camau dilynol ym mhererindod y cymeriad symbolaidd Theomemphus ('Ymofynnwr Duw') yn y gerdd epig o'r un enw. Thema ganolog Pantycelyn yw bod yr athrawiaethau'n bwysig odiaeth ond nad ydyn-nhw'n dda i ddim heb brofiad crefyddol mewnol dwys, a heb *ras*, sy'n dod atoch-chi oddi wrth Dduw ac nad oes a wnelo-fe ddim iot â'ch teilyngdod eich hun.

Mae'n bwysig i ni'n atgoffa'n hunain y gallai Merêd fod wedi cyrraedd y brig uchaf ym maes athroniaeth. Bu'n ddarlithydd yn y pwnc, wedi'r cyfan, ym Mhrifysgol Boston, UDA, cyn dychwelyd i Gymru a chymhwyso'i dalentau a'i ymroddiad i gyfeiriadau eraill.

Beth bynnag am hynny, mynegodd Merêd frwdfrydedd mawr ynghylch y llyfr roeddwn i ac Aled wrthi'n ei gyfansoddi, peth pwysig iawn i'w wneud, meddai. Roedd-e am helpu ym mhob dull a modd. A dyma fi felly yn anfon ato gopïau o 'mhenodau i wrth i fi eu hysgrifennu.

Yn ein hail gyfarfod mi drafodon ni'r ddwy bennod gyntaf, yr oedd yn gwbl bles â nhw, a rhan o'r drydedd bennod a oedd yn delio â gwaith 'yr atheistiaid newydd', yn arbennig Richard Dawkins ac A. C. Grayling. Roedd-e'n anesmwyth ynghylch rhannau o'r bennod hon ac yn amau dilysrwydd rhesymeg Dawkins yn *The God Delusion* yn arbennig. Yn ystod y drafodaeth yma y gwnaeth-e'r datganiad, 'Mae Duw yn *bod*!'

Roeddwn-i'n awyddus i fynd i'r afael â syniadau'r athronydd Dewi Z. Phillips a dyma Merêd yn benthyca copi o lyfr Phillips, *The Problem of Evil and the Problem of God*, i fi. Fe'i darllenais-i e yn ofalus ac nid heb gryn drafferth. Mi grynhoais fy nealltwriaeth i o ddadl Phillips mewn dogfen fach a'i hanfon at Merêd. Prif bwrpas ein trydydd cyfarfod oedd darganfod pa un oedd fy nealltwriaeth i o safbwynt Phillips yn gywir a beth oedd barn Merêd.

Man cychwyn llyfr Phillips yw ei ymosodiad ar y 'theodiciaid', athronwyr diwinyddol megis Richard Swinburne, John Hick ac Alvin Plantinga, sy'n dadlau mai'r rheswm pam mae Duw yn caniatáu drygioni yn y byd yw bod hynny yn ei dro yn agor y drws i ddyn ddewis gwneud daioni sy'n fwy ac yn drech na'r drygioni. 'Ein Hetifeddiaeth Broblematig' yw enw Phillips ar ddaliadau felly ac mae'n defnyddio'r gair *'obscene'* i'w disgrifio. Roeddwn-i a Merêd yn cytuno'n llwyr â Phillips ar hyn.

Aethon-ni ymlaen i drafod safbwynt Phillips ar yr hyn *nad yw* Duw, sef gweithredydd (*agent*), ymwybyddiaeth annibynnol, creawdwr grymus, person, Bod Hollalluog. Mae Phillips yn cydnabod bod daliadau felly yn fath o atheïstiaeth, ond mai 'atheïstiaeth buredigol' (*'purifying atheism'*) yw hi. Roedd Merêd yn cytuno â 'nehongliad i o safbwynt Phillips a 'nheimlad i yw ei fod yntau'n cynhesu at y safbwynt yna. Yn benodol, roedd-e'n cytuno â datganiad Phillips bod modd symud ymlaen o atheïstiaeth buredigol i 'ffurfio cysyniadau am Dduw Gras' (*'concept formation involving a God of Grace'*). A dyna ni 'nôl eto gyda gras.

Cytunwyd y bydden-ni'n cwrdd ymhellach wedi i fi ysgrifennu Pennod 4. Mi ebostiais y bennod iddo a ffonio i sicrhau ei fod wedi'i derbyn. Phyllis a atebodd, a dweud fod Merêd yn y gwely'n sâl – dôs go ddrwg o'r ffliw a oedd yn cyniwair yn yr ardal ar y pryd. Wedyn, rywbryd dros ŵyl y Nadolig, a'n cegin ni yn llawn o blant ac wyrion wrth ginio, dyma Merêd ar y ffôn. Wedi darllen Pennod 4 ac wrth ei fodd gyda hi. Ddim yn cytuno ar bopeth, ond yn canmol yn frwd serch hynny. Wel, onid oeddwn innau wrth fy modd? 'Rhaid i ni gwrdd yn fuan,' meddwn i, 'ond sut y'ch chi, Merêd?' 'Ddim yn dda o gwbl, fachgen,' oedd yr ateb, 'methu ysgwyd yr hen ffliw 'ma i ffwrdd.' Yng nghanol ei salwch roedd-e wedi darllen y bennod a mynd i'r drafferth o ffonio i fynegi'i gefnogaeth.

Ddigwyddodd mo'r pedwerydd cyfarfod arfaethedig. Cafodd Merêd strôc enbyd a bu farw. Mae dau beth yn troi yn fy meddwl. Chaf i byth mo'i ddyfarniad terfynol ar y llyfr, nac ychwaith y gair o froliant roedd-e'n awyddus i'w gyfrannu. Cwestiwn yw'r ail beth: Tybed na wyddai Merêd yn iawn wrth ffonio na chwrdden-ni ddim am y pedwerydd tro ond ei fod yn benderfynol o beidio ymadael heb gyflwyno neges o galondid? Dyna fesur y dyn.

Merêd yr Athronydd

Gwynn Matthews

Cyhoeddwyd yr ysgrif hon yn wreiddiol yn Hawliau Iaith: Cyfrol Deyrnged Merêd, Astudiaethau Athronyddol 4 *(Y Lolfa, 2015), tt. 11–17.*

Yr oedd gyda'r amlycaf o ddynion – a'r agosaf atoch. Gŵr a swynai gynulleidfaoedd, ond ymgomiwr cynnes hefyd. Dyn felly oedd Merêd. Collwn ei wên ddireidus, ei lygaid treiddgar, ei law gadarn a'i asbri heintus. Fel unigolion ac fel cenedl, yr ydym wedi colli cyfaill annwyl.

Megis yn achos y gŵr hwnnw y canodd y salmydd amdano erstalwm, gellid dweud am Merêd, 'a pha beth bynnag a wnêl, efe a lwydda'. Rhagorai yn yr holl feysydd y bu'n ymwneud â hwy – athroniaeth, darlledu, canu gwerin, adloniant ysgafn, ymgyrchu dros gyfiawnder i'r iaith, ac enwi'r rhai amlycaf. Ehangodd gylch darllenwyr y Gymraeg pan aeth ati, gyda Norman Williams ac eraill, i sefydlu'r papur bro cyntaf, *Y Dinesydd*, ar gyfer Caerdydd a'r Fro, papur a esgorodd ar epil drwy Gymru benbaladr. Gweithredodd yn ddiarbed, gan herio'r gyfraith, i sefydlu S4C. Cyfunai yn ei berson argyhoeddiad a phenderfyniad, a dyna a'i gwnaeth yn ffigwr mor allweddol mewn sawl agwedd ar ein bywyd cenedlaethol.

Cafodd Meredydd Evans ei eni yn Llanegryn, Meirionnydd yn 1919, a'i fagu yn Nhanygrisiau. Wedi gadael Ysgol Ganol Blaenau Ffestiniog aeth i weithio mewn siop, ond ymhen rhyw chwe blynedd cafodd fynediad i Goleg Clwyd, coleg rhagbaratöol yr Hen Gorff yn y Rhyl. Oddi yno fe aeth i Goleg y Brifysgol, Bangor, lle graddiodd gyda gradd anrhydedd yn y dosbarth cyntaf mewn Athroniaeth. Hywel D. Lewis oedd yr Athro Athroniaeth ym Mangor bryd hynny, a gadawodd empeiriaeth gymedrol yr athro ei hôl ar y disgybl. Prifathro'r coleg yn yr un cyfnod oedd y clasurwr D. Emrys Evans, a wnaeth gymwynas enfawr ag athronyddu yn y Gymraeg gyda'i gyfieithiadau Cymraeg o weithiau Platon. Wedi graddio cafodd Merêd swydd fel tiwtor Athroniaeth yng Ngholeg Harlech, coleg yr ail gyfle fel y gelwid ef, sef ei brofiad cyntaf o weithio ym maes addysg oedolion, maes y byddai'n dychwelyd iddo yn ddiweddarach yn ei fywyd. Yna, gadawodd Gymru gan fynd i Brifysgol Princeton yn yr Unol Daleithiau, lle enillodd radd Doethor mewn Athroniaeth yn 1955. Yn dilyn hynny, cafodd ei benodi'n ddarlithydd mewn Athroniaeth ym Mhrifysgol Boston, swydd y bu ynddi am bum mlynedd. Yn 1960 dychwelodd i Fangor, i'w *alma mater*, lle bu'n diwtor mewn Athroniaeth yn yr Adran Efrydiau Allanol. Rhwng 1963 ac 1973 bu'n Bennaeth Adran Adloniant Ysgafn BBC Cymru. Rhwng 1973 a'i ymddeoliad yn 1985 bu'n diwtor mewn Athroniaeth yn Adran Efrydiau Allanol Coleg y Brifysgol, Caerdydd. Yr oedd yn aelod brwd a ffyddlon o Adran Athronyddol Urdd Graddedigion Prifysgol Cymru. Bu'n Llywydd yr Adran rhwng 2007 a 2012 ac yn Llywydd Anrhydeddus o 2012 ymlaen.

Rhoddai gweithgareddau'r Adran gyfle i athronyddu yn Gymraeg. Yn y cynadleddau gallai Merêd draddodi papur dysgedig, dadlau a gwrthddadlau, holi a chroesholi gydag arddeliad. Mae gan rai pobl y syniad fod athronwyr yn cynnal eu dadleuon mewn dull sych a digynnwrf. Camargraff yw hynny. Gallai Merêd ddadlau felly, ond gallai hefyd ddadlau gyda brwdfrydedd a gwres, a chodi tempo'r drafodaeth! Byddai ei sylwadau bob amser yn graff, a'i holi'n finiog. Ond yr oedd hefyd yn ddadleuwr grasol. Byddai yn ddi-ffael yn mynegi ei werthfawrogiad o bob cyfraniad (petai'n cytuno â'r safbwynt ai peidio). Yn wir, gofidiai weithiau nad oedd gwaith ambell un wedi cael sylw dyladwy, neu nad oedd awdur wedi cael yr anrhydedd academaidd a haeddai.

Trwy gyfrwng cyfnodolyn yr Adran, *Efrydiau Athronyddol*, fe gyfrannodd Merêd at lenyddiaeth athronyddol y Gymraeg. Yr erthygl gynharaf o'i eiddo i ymddangos yn *Efrydiau Athronyddol* oedd 'Sut y Gwyddom Feddwl ein Gilydd' (1951). Traddodwyd yr erthygl hon yn wreiddiol fel papur yng nghynhadledd 1950 yr Adran. Canolbwyntiodd y gynhadledd honno ar lyfr gorchestol Gilbert Ryle, *The Concept of Mind* (1949). Bu dylanwad y llyfr hwnnw ar athroniaeth y byd Saesneg yn aruthrol ac yn arhosol. Ceisiodd Ryle wneud dau beth: yn gyntaf, ceisiodd ddymchwel y darlun a etifeddasom gan Descartes o berthynas y meddwl â'r corff fel perthynas peilot (meddwl) â'i gwch (corff), yr hyn a alwai Ryle yn 'athrawiaeth yr ysbryd yn y peiriant', sef yn dechnegol 'deuoliaeth'; yn ail, ceisiodd gynnig rhesymeg newydd i ni ei defnyddio i drafod perthynas meddwl a chorff (a chael gwared â'r 'ysbryd'). Nid dyma'r lle i fanylu ar y dadleuon, ond digon yw dweud fod Merêd yn credu i Ryle lwyddo yn ei amcan cyntaf, ond iddo fethu yn yr ail.

Mae Merêd yn crynhoi damcaniaeth Ryle fel hyn, '... gellir disgrifio rhannau o ymddygiad person arbennig mewn termau meddyliol – "mental". Eithr cyfeirio at ffyrdd arbennig o ymddwyn a wna'r termau hyn ac nid at unrhyw ddigwyddiadau cudd ar lwyfan theatr y meddwl'. Roedd Ryle felly yn fath o ymddygiadydd (*behaviourist*), ond ni sylfaenwyd ei waith ar ddamcaniaethau'r seicolegwyr ymddygiadol J. B. Watson a B. F. Skinner. Gelwir ymddygiadaeth Ryle weithiau yn ymddygiadaeth ddadansoddol gan iddi godi o'r ymgais i *ddadansoddi ystyr yr iaith* a ddefnyddiwn wrth drafod cysyniadau meddyliol. Ni chafodd Merêd ei fodloni bod ymddygiadaeth ddadansoddol yn foddhaol, fodd bynnag, ac yn enwedig ni allai dderbyn ein bod yn adnabod ein cyflyrau meddyliol ein hunain yn yr un ffordd ag yr adnabyddwn gyflyrau meddwl pobl eraill, fel yr haerodd Ryle.

Datblygiad oedd ymddygiadaeth ddadansoddol mewn

gwirionedd o waith Wittgenstein. Yr oedd Ryle wedi datblygu'n sylweddol ddadansoddiadau Wittgenstein, dadansoddiadau oedd yn seiliedig ar ddealltwriaeth chwyldroadol o resymeg iaith am y meddwl. Gweithiai Gilbert Ryle, J. L. Austin a tho newydd o athronwyr yn null Wittgenstein, gan esgor ar chwyldro ysgubol yn y dull o athronyddu yn Saesneg. Eithr er bod gan Merêd gryn edmygedd o waith Wittgenstein, ni nofiodd gyda'r llanw, ac ni ellid ei ddisgrifio fel Wittgensteinydd. Cawn enghraifft dda iawn o'i ddull ef o ddadansoddi manwl a chyflwyno ymresymiadau clòs yn ei ysgrif 'A dyfod rhwyg deufyd rhôm?' yn *Efrydiau Athronyddol* (1975) lle mae'n trafod damcaniaethau Uniaethol a gyhoeddwyd yn y gyfrol *The Mind-Brain Identity Theory* (1970, gol. C. V. Borst), ac yn arbennig, gyfraniad J. J. C. Smart, 'Sensations and brain processes'.

Gyda'i ddiddordeb amlwg yn athroniaeth y meddwl, Merêd oedd yr union ddyn i gyfieithu cyfraniad yr Athro E. Jonathan Lowe ('Athroniaeth Meddwl: tueddiadau a themâu diweddar') i gyfrol deyrnged Dewi Z. Phillips, *Cred, Llên a Diwylliant* (2012). Mae cyfieithu mater technegol fel hyn yn gofyn meistrolaeth lwyr ar y ddwy iaith yn ogystal â dealltwriaeth drwyadl o'r pwnc. Mae llwyddiant digamsyniol Merêd i fynegi'r deunydd mewn iaith safonol a dealladwy yn nodweddu ei gyfraniad i athronyddu yn y Gymraeg fel cyfieithydd.

Un o'r meysydd mwyaf technegol mewn athroniaeth yw rhesymeg. Mae rhesymeg draddodiadol y Gorllewin yn deillio o waith Aristoteles, ac yr oedd ef yn ysgrifennu mewn Groeg, wrth gwrs. Mae'r patrymau a osodwyd ganddo ar gyfer ymresymu dilys wedi cael eu sylfaenu ar frawddegu yn y modd mynegol gyda goddrych a thraethiad, a mater didrafferth oedd cyfieithu'r patrymau hyn i Ladin. Maes o law cafwyd llyfrau Saesneg ar resymeg, ond pan eir ati i gyfieithu patrymau ymresymu rhesymegol i unrhyw iaith am y tro cyntaf rhaid ymgodymu â gofynion cystrawen unigryw yr iaith honno. Dyma her a wynebwyd ac a oresgynnwyd gan Merêd a Robin Bateman mewn dwy gyfrol a gyfieithwyd ganddynt o'r Saesneg. Yn *Ymresymu i'r Newyddian* (1979) gan Humphrey Palmer ac

Ymresymu i'r Newyddian [Rhan 2] (1979) gan Donald M. Evans fe lwyddwyd i fynegi'r patrymau yn ystwyth, gan gynnwys patrymau rhesymeg symbolaidd modern, a chreu terminoleg ddealladwy. Campwaith Merêd fel cyfieithydd, yn ddiau, oedd y bennod ar Gottlob Frege (1848–1925) gan Michael Dummett a gyhoeddwyd yn rhifyn olaf *Efrydiau Athronyddol* (2006), ac yna yn *Hanes Athroniaeth y Gorllewin* (2009). Frege oedd tad rhesymeg fathemategol, a gosododd ef sylfeini athroniaeth fodern mathemateg, iaith a rhesymeg. Mae ei weithiau gyda'r mwyaf astrus a chymhleth yn holl hanes athroniaeth. Go brin y gallai unrhyw un ar wahân i Merêd fod wedi mentro, a llwyddo, i fynegi cysyniadau mor dechnegol mewn Cymraeg croyw. Yn wir, gellir cymharu gorchest Merêd yn ymestyn y Gymraeg i fynegi cysyniadau nas mynegwyd yn yr iaith o'r blaen i waith William Salesbury gynt.

Mae *Hanes Athroniaeth y Gorllewin* hefyd yn cynnwys penodau gan Merêd ar ddau athronydd Albanaidd, David Hume a Thomas Reid. Yr oedd Merêd eisoes wedi cyhoeddi llyfr ar Hume yng nghyfres 'Y Meddwl Modern' (1984). Hume yw un o athronwyr pwysicaf y cyfnod modern, ac fe gafodd llawer o'r athronwyr a'i dilynodd anhawster i ddianc rhag ei gyfaredd. Pen draw athroniaeth empeiraidd Hume ym marn llawer o'i feirniaid yw sgeptigaeth lwyr. Meddai Merêd, 'Bu'n ffasiynol o'r dechrau ystyried Hume fel sgeptig; hynny'n hollol gywir. Fel beirniadaeth sgeptigol y disgrifiodd ef ei hun y llu dadleuon a gyfeiriodd yn erbyn y dogmatwyr.' Serch hynny, mynnai Merêd mai sgeptigaeth 'liniarol' oedd un Hume, a'i fod wedi rhybuddio mai dinistriol fyddai sgeptigaeth eithafol. Ymgais i ailorseddu 'synnwyr cyffredin' parthed ein gwir wybodaeth o'r byd 'allanol' oedd athroniaeth Thomas Reid (safbwynt a goleddwyd ar ddechrau'r ugeinfed ganrif gan G. E. Moore), ac roedd Merêd yn ei elfen yn dadansoddi ymdriniaeth wrthgyferbyniol Hume a Reid o berthynas ein canfyddiadau ni o'r byd â'r byd diriaethol, a pherthynas ein hamryfal ganfyddiadau â'i gilydd.

Fel golygydd y casgliad o ysgrifau *Y Meddwl Cyfoes*

(1984), cafodd Merêd gyfle i gyflwyno amrediad eithaf eang o bynciau athronyddol gan athronwyr blaenllaw, Cymraeg eu hiaith, i gynulleidfa Gymraeg. Ni chyfyngwyd ei ddylanwad athronyddol i faterion academaidd yn unig, fodd bynnag. Erys ei bapur 'Anufudd-dod Dinesig' yn *Efrydiau Athronyddol* (1994) yn enghraifft odidog o ymresymu athronyddol ynghylch ymatebion moesol posibl i bolisi cyhoeddus annerbyniol. Mae'n gwneud dau beth yn ei ymdriniaeth: mae'n gwahaniaethu rhwng anufudd-dod dinesig a dulliau eraill o brotestio, megis gwrthwynebiad cydwybodol neu wrthryfel, ac yna mae'n gosod dadleuon i ddangos cysondeb gweithredu protest drwy anufudd-dod dinesig tra'n arddel egwyddor democratiaeth. Mae'n gwneud y pwynt pwysig hwn am yr anufuddhäwr dinesig, 'Gofyn ef yn arbennig am gysondeb mewn cymhwyso egwyddorion sydd wrth wraidd cyfundrefn wleidyddol y gymdeithas y mae'n aelod ohoni. Nid gofyn am driniaeth freintiedig y mae ond yn hytrach am gael ei drin ar yr un gwastad cyffredinol â mwyafrif mawr ei gymdeithas'.

Yng nghyd-destun yr ymgyrchu dros y Gymraeg y trafodir anufudd-dod dinesig gan Merêd, wrth gwrs. Yn wir, fe uniaethwyd athronyddu ac ymgyrchu yn holl lafur ei fywyd. Mae'n cyrraedd uchafbwynt yn ei ymdrechion dros sefydlu'r Coleg Cymraeg Cenedlaethol a sicrhau lle anrhydeddus i athroniaeth yn y gyfundrefn ifanc honno. Dyma yn ddiau yw'r gofeb deilyngaf i'w goffadwriaeth. Eto, rhan o'i fywyd oedd athroniaeth iddo. Cofleidiodd y diwylliant Cymraeg yn ei gyfanrwydd. Yr oedd wrth ei fodd yn trafod syniadau yn gyffredinol fel y dengys y llyfryddiaeth helaeth a baratowyd gan Huw Walters ar gyfer y gyfrol *Merêd: Detholiad o Ysgrifau* (goln Ann Ffrancon a Geraint H. Jenkins, 1994). Yn ei ragair i *The Age of Analysis* (1955) dywedodd yr athronydd Americanaidd Morton White, '...bydd y rhan fwyaf o athronwyr y traddodiad dadansoddol yn ymgroesi rhag trafod pynciau perthnasol i fywyd cyhoeddus a phersonol, problemau diwylliant a gweithredu, fel pe na baent yn berthnasol i athronwyr'. Er mai yn y traddodiad hwnnw y gweithiai Merêd, croes i'r 'rhan fwyaf' honedig oedd ei ymagwedd ef. Yn ystyr y Dadeni Dysg o'r gair, dyneiddiwr mawr oedd Merêd. Ymddiddorai ym mhob ffurf ar fynegiant o'r ysbryd dynol – llenyddiaeth, barddoniaeth, cerddoriaeth, athroniaeth a gwleidyddiaeth. Mae'n diweddu ail bennod ei lyfr ar Hume drwy ddyfynnu un o ddywediadau yr athronydd hwnnw: 'Bydd yn athronydd, ond yng nghanol dy athronyddu bydd eto yn ddyn.' Ymgorfforodd Merêd y ddelfryd honno yn ei fywyd llawn a chyfoethog.

Pencarreg

Ned Thomas

Ar noson 11 Hydref 1979 bûm yng nghwmni Pennar Davies a
Meredydd Evans yn diffodd trosglwyddydd teledu Pencarreg
yn Sir Gaerfyrddin fel rhan o ymgyrch Cymdeithas yr Iaith dros
sianel deledu Gymraeg. Roeddwn yn nabod Merêd cyn hynny
ac mi gefais ei gyngor da a'i gefnogaeth ddiflino wedi hynny,
yn arbennig adeg yr ymgyrch aflwyddiannus i sefydlu papur
dyddiol Cymraeg, ond gweithred Pencarreg (a'r achosion llys
yn dilyn) oedd y prif gwlwm rhyngom, ac o gwmpas hynny y
bydd yr ysgrif hon yn troi.

Erbyn etholiad cyffredinol mis Mai 1979 roedd consensws
eang iawn wedi ei greu yng Nghymru o blaid cael sianel
deledu Gymraeg ar wahân, ac roedd maniffesto pob un o'r
pleidiau gwleidyddol wedi cynnwys addewid i'w sefydlu.
Plaid Mrs Thatcher enillodd yr etholiad ac ym mis Awst yr
un flwyddyn cyhoeddodd y llywodraeth newydd na fyddai'n
cadw at yr addewid o sianel wedi'r cwbl ond y byddai'n
hytrach yn cynnig rhywfaint o gynnydd yn nifer yr oriau
Cymraeg ar y sianeli Saesneg. Roedd yn ymddangos bod yn
agos i ddegawd o ymdrech yn mynd yn ofer. Treuliasai nifer
o bobl ifanc gyfnodau sylweddol yn y carchar am eu rhan
yn yr ymgyrch torcyfraith, ond di-drais, ac roedd llawer yn
rhagor wedi ymddangos o flaen y llysoedd am beidio â thalu'r
drwydded deledu. Wedi tro pedol y llywodraeth dwysaodd yr
ymgyrchu ond yr un pryd clywyd rhai lleisiau o fewn y byd
Cymraeg yn dechrau dadlau mai'r peth gorau fyddai derbyn
cynnig y llywodraeth – roedd yn well na dim, ac amhosibl
fyddai newid barn Mrs Thatcher.

Erbyn hyn roedd Merêd a minnau wedi ein hethol yn aelodau o Senedd Cymdeithas yr Iaith. Ein bwriad wrth ymuno oedd dangos bod cefnogaeth ehangach i frwydr a arweiniwyd yn bennaf gan bobl ifanc. Am yr un rheswm roedd rhai ohonom wedi cytuno i fod ar restr wrth gefn o bobl mwy 'aeddfed' a 'pharchus' y gallai Cymdeithas yr Iaith alw arnynt i weithredu'n symbolaidd pan fyddai angen gwneud hynny. Roedd paragraff o'r datganiad a wnaed gennym adeg y weithred yn crynhoi'r cymhelliad hwnnw fel hyn:

Credwn ei bod yn hen bryd i bobl hŷn sy'n dal swyddi cyfrifol uniaethu'u hunain a sefyll gyda'r bobl ifainc hynny a fu'n arwain y frwydr dros gyfiawnder cymdeithasol ym myd darlledu ac a ddioddefodd o ganlyniad i'w safiad.

Dim ond diwrnod neu ddau o rybudd a gefais fod awr y gweithredu wedi cyrraedd, a chael gwybod yr un pryd pwy fyddai fy nghyd-weithredwyr. Fi oedd yr ifancaf o'r tri o bell ffordd, a doeddwn i ddim yn nabod Pennar yn dda o gwbl, ond roedd gwybod y byddai Merêd wrth fy ochr yn gysur mawr. Yn wir, roeddwn yn teimlo ei fod yn gefn i mi'r noson honno a thros y misoedd nesaf wrth i ni wynebu nid yn unig achosion llys ond ymosodiadau arnom gan olygydd *Y Faner*, Jennie Eirian, oedd wedi penderfynu dadlau dros dderbyn cynnig y llywodraeth. Mae llun ohonom ni'n tri sy'n dangos braich Merêd yn gorwedd yn dadol ac yn gefnogol ar fy ysgwydd.

Roeddwn bob amser yn synhwyro bod personoliaeth Merêd yn fy nghysylltu dros amser â chadernid y cenedlaethau hynny sydd yn rhan o gefndir cynifer ohonom: pobl y chwarel a'r pwll glo, y fferm a'r tyddyn – a'r llofft stabl, yn naturiol – cyn i Ddeddf Addysg 1944 dynnu llawer o'r hufen deallusol o'r cymdeithasau hynny. Ond agwedd arall ar y cadernid hwnnw oedd bod safbwyntiau Merêd yn codi o fod wedi meddwl yn hir am sylfeini deallusol ei ddadleuon. Roedd cydymdeimlad eang a dyneiddiaeth flaengar yn perthyn i Merêd yr athronydd nad oedd bob amser yn nodweddu'r gymdeithas Gymraeg draddodiadol. Tybiaf hefyd fod cyd-fyw a chydweithio â'i wraig Phyllis wedi cryfhau'r elfennau hynny yn ei gymeriad.

Rwy'n cofio syniadau ffeminyddol y 70au yn cyrraedd Cymru – yn hwyr yn y dydd braidd – ac yn ennyn ymateb chwyrn a sarhaus ar adegau, gan gynnwys mewn cylchoedd a oedd, fel arall, yn ddigon deallus. Mae atgof byw gen i o gynhadledd lle bu dau lenor amlwg (o gefndir chwarelyddol nid annhebyg i Merêd) yn lladd ar ffeministiaeth mewn ffordd oedd yn ddigon nodweddiadol o'u cefndir, mae'n siŵr. Yn sydyn dyma ni'n clywed llais Merêd yn rhuo fel llew o'r rhes gefn, 'Da chi, hogia, ewch yn ôl i'ch ogofâu.'

Mae bywyd, yn debyg i naratif traddodiadol, yn symud yn ei flaen gam wrth gam. Ond mae deall ystyr ac arwyddocâd pethau yn digwydd am yn ôl wrth i agweddau newydd ar ddigwyddiad ddod i'r golwg ac wrth i'n persbectif ni newid gydag amser. Mi ddisgrifiais ddigwyddiadau noson Pencarreg a hefyd y cefndir gwleidyddol ehangach mewn pennod o'm cyfrol *Bydoedd* ac nid wyf am ailadrodd hynny. Yn hytrach, byddaf yn canolbwyntio ar Merêd y meddyliwr yn trafod y cyfiawnhad dros dorri'r gyfraith dan amgylchiadau arbennig. Fe wnaeth hynny mewn dwy ddogfen wahanol. Y gyntaf yw ei anerchiad i'r rheithgor yn achos Llys y Goron Caerfyrddin ym mis Gorffennaf 1980. Mae'n ddogfen bersonol ei naws ac mae'n ymddangos ochr yn ochr â datganiadau Pennar a minnau yn y llyfryn bach dwyieithog *Achos y Tri*. Cafwyd erthygl lawer mwy cynhwysfawr ganddo ar bwnc anufudd-dod dinesig bedair blynedd ar ddeg yn ddiweddarach yn rhifyn 1994 o *Efrydiau Athronyddol*.

Mae un gwahaniaeth digon diddorol rhwng datganiadau'r tri ohonom adeg achos Pencarreg. Pennar yw'r agosaf at ddadleuon Saunders Lewis adeg achos Penyberth. Mae'n ein harwain drwy hanes Cymru gan grybwyll y Ddeddf Uno, cyfieithu'r Beibl a gorfodi addysg Saesneg ar y genedl. Mae'n sôn am y traddodiad llenyddol ac yn anad dim am y traddodiad Cristnogol. 'Penderfynwch yng ngoleuni cyfraith Duw,' dywed wrth y rheithgor tua diwedd ei araith, 'canys yn y gyfraith honno'n unig y mae unoliaeth y ddynol ryw.' Geiriau diwinydd.

Dadleuon clasurol am natur y drefn wleidyddol a chyfreithiol sydd gan Merêd: 'Y mae'n hen syniad yn hanes datblygiad democratiaeth yn y Gorllewin, bod cymdeithas wareiddiedig yn sylfaenedig ar fath o gytundeb rhwng pobl a'i gilydd; y dylai llywodraeth gwlad iach fod wedi ei gwreiddio yng nghydsyniad ei deiliaid i'w bodolaeth a'i hawdurdod.' Dyna chi adleisiau o gytundeb cymdeithasol Rousseau a diffiniad Renan o'r genedl. 'Mae rhywbeth tebyg i hyn, hefyd,' medd Merêd, 'wrth wraidd parch at gyfraith a threfn.' Sylwch nad oes dim gair am gyfraith uwch na chyfraith dyn. Geiriau athronydd gwleidyddol a dadleuon seciwlar sydd ganddo. Ac eto, er na wyddwn i hynny adeg gweithred Pencarreg, roedd Merêd wedi bod yn gweddïo'r noson cynt.

Mae hyn yn codi cwestiwn diddorol am berthynas disgyblaeth Athroniaeth â chefndir crefyddol Protestannaidd athronwyr Cymreig yr ugeinfed ganrif. Bûm yn pori'n ddiweddar yng ngwaith rhai o feddylwyr Almaenig diwedd y ddeunawfed a dechrau'r bedwaredd ganrif ar bymtheg, pobl fel Kant a Herder a Fichte. Roeddent mewn sefyllfa nid annhebyg i Merêd. Magwyd hwy yn awyrgylch digon cul pietistiaeth Brotestannaidd a llwyddo serch hynny i esgor ar syniadaeth eang a dyneiddiol, a hynny heb golli eu ffydd bersonol. Un canlyniad oedd bod crefydd yn cael ei breifateiddio ac yn colli'r lle canolog sydd iddo yng ngweledigaeth gymdeithasol Saunders Lewis a Pennar Davies. Ond eto, tybiaf mai apêl Merêd oedd gryfaf – at y rheithgor a hefyd at y gymdeithas ehangach – gan ein bod yn byw bellach mewn cymdeithas seciwlar.

Arddull mwy academaidd sydd i erthygl Merêd am anufudd-dod dinesig yn *Efrydiau Athronyddol* bedair blynedd ar ddeg yn ddiweddarach. Ymhlith yr enghreifftiau o weithredu a enwir ynddi mae sôn am Benyberth ond does dim sôn am Bencarreg, a dim ond unwaith wrth fynd heibio y mae'n crybwyll ymgyrch y Sianel. Serch hynny, rwyf yn darllen yr erthygl mewn mwy nag un man fel myfyrdod reit bersonol ar weithred Pencarreg. Dyma enghraifft. Wrth drafod pwysigrwydd sicrhau bod y weithred torcyfraith yn un gyhoeddus lle mae'r troseddwyr yn cymryd cyfrifoldeb, mae'n sydyn yn cofio am y cynorthwywyr sydd efallai'n torri mewn i adeilad er mwyn galluogi eraill i droseddu. Dyw e ddim am eu cynnwys nhw yn yr amod bod rhaid gweithredu'n gyhoeddus, er y byddai'r gyfraith yn eu cyfrif yn euog. A dyna oedd wedi digwydd ym Mhencarreg, wrth gwrs – y myfyrwyr yn torri drwy'r ffens ac yn torri'r clo ar yr adeilad cyn diflannu i'r tywyllwch. Ninnau wedyn yn y diwedd yn cael hyd i'r swits iawn ac yn ei ddiffodd cyn aros i'r heddlu ymddangos. Mater o radd oedd egwyddor Merêd o gymryd cyfrifoldeb.

Mae'n ddiddorol hefyd paham na wnaeth Merêd drafod ymgyrch y Sianel yn ei erthygl yn *Efrydiau Athronyddol*. Un rheswm, rwy'n weddol sicr, yw na fyddai wedi bod modd trafod hynny heb drafod bygythiad Gwynfor i ymprydio hyd at farwolaeth. Hynny, wedi'r cwbl, oedd wedi sicrhau sianel deledu Gymraeg yn y pen draw, ond rwy'n amau a fyddai Merêd wedi gallu ffitio'r fath fygythiad i'r ffrâm syniadol roedd wedi ei dyfeisio yn yr erthygl fel cyfiawnhad dros anufudd-dod dinesig. Roedd Merêd wedi mynd i weld Gwynfor y diwrnod cyn gweithred Pencarreg (er nad oeddwn yn gwybod hynny ar y pryd) ac efallai fod gweithred Pencarreg wedi dylanwadu ar benderfyniad Gwynfor yn nes ymlaen, neu fod Merêd yn ofni hynny.

Roedd torri'r gyfraith yn gam mawr i Merêd fel ag i Pennar. Dyna un rheswm paham y bu'n gweddïo cyn y weithred, mae'n siŵr. Dyna paham, wrth annerch y rheithgor yng Nghaerfyrddin, y mae'n pwysleisio cymaint oedd ei barch tuag at y gyfraith yn gyffredinol cyn troi at yr amgylchiadau arbennig a all gyfiawnhau torri'r gyfraith, a'r dulliau y caniateir eu defnyddio wrth wneud hynny. Crynhoir y rhain yn nes ymlaen yn *Efrydiau Athronyddol* fel hyn: 'bod y gweithredu yn gyhoeddus, yn wleidyddol ei nod, yn ddi-drais, ac yn dilyn ar fethiant apêl gyfansoddiadol'. Byddwn innau wedi cytuno bod yr amodau hyn i gyd yn bwysig ac yn bresennol yn achos Pencarreg, ond doeddwn i ddim, adeg y weithred, yn poeni'n ormodol am dorri'r gyfraith nac yn teimlo llawer o barch tuag ati. Roeddwn yn blentyn mudiadau 1968 ac wedi fy nylanwadu gan ddamcaniaethau cymdeithasegol diweddar yn hytrach nag athroniaeth wleidyddol glasurol. Ac nid gan ddamcaniaethau'n unig, ond gan yr hyn a welais yn y llysoedd yng Nghymru yn rhai o'r achosion iaith. Roedd y profiad yn cadarnhau i mi nad oedd y llysoedd uwchben y frwydr wleidyddol a'u bod yn hytrach yn ochri yn y frwydr ac yn rhan o'r patrwm grym oedd yn ein gormesu fel lleiafrif.

Mae Merêd yn ildio rhyw ychydig o dir i'r safbwynt hwn pan ddywed wrth annerch y rheithgor, 'A ninnau'n byw mewn cymdeithas y perthyn iddi o leiaf *rai* nodweddion democrataidd', ac eto yn *Efrydiau Athronyddol* pan ddywed wrth drafod Penyberth, 'Cofier mai trafod gwrthwynebiad yr ydym o fewn i gymdeithas *led*-ddemocrataidd…' Er ei fod yn derbyn nad yw'r drefn yn gwbl ddemocrataidd, mae'n credu ei bod yn ddigon agored i ni allu defnyddio'r llysoedd er mwyn apelio at gydwybod ein cyd-ddinasyddion a'u syniad o chwarae teg. Ers gweithred Pencarreg yn 1979 mae sawl cam ymlaen wedi digwydd o ran hawliau ieithyddol, ar lefel Cymru a Phrydain ac yn rhyngwladol. Yn ôl-syllol, mae'n rhaid i mi gyfaddef bod y drefn led-ddemocrataidd wedi bod yn ddigon ymatebol i allu diwygio'r drefn ieithyddol ym maes darlledu a hefyd o fewn trefn y llysoedd – o leiaf i ryw raddau, a than bwysau bygythiad aeth llawer ymhellach na'n gweithred ni ym Mhencarreg.

Roedd materion o radd yn bwysig i Merêd, ac roedd wedi meddwl yn ddwys ac yn hir cyn gweithredu. Roedd cyhuddiad *Y Faner* mai gweithred wyllt a byrbwyll oedd gweithred Pencarreg yn chwerthinllyd o anghywir yn achos Merêd. Yn rhy aml yng Nghymru ystyrir pwyll a 'phwyso a mesur' yn gyfystyr ag ofnusrwydd a dal yn ôl rhag gweithredu. Does dim rhaid iddynt fod. Gallent hefyd fod yn sail gadarn dros weithredu. Merêd oedd y prawf o hynny.

Yn Angladd Merêd

Ar lwyfan gwag, mae llais nad aeth o'r byd
Ar alaw hŷn na'r gwynt drwy ddeilen grin:
'Oes rhywun ar y rhodwydd uwch y rhyd?'

Mae'r llafnau i gyd dan bwysau'r meysydd ŷd.
Does fawr o awydd mynd. Ond ar y ffin,
Ar lwyfan gwag, mae llais nad aeth o'r byd

Yn dod drwy wendid y clustogau clyd:
'A Chwefror yn y Cwm yn troi tu min,
Oes rhywun ar y rhodwydd uwch y rhyd?'

Ac er mor denau'r darian, mae o hyd
Yn ddrych i'r wên oedd unwaith yn ei thrin
Ar lwyfan gwag. Mae llais nad aeth o'r byd

Yn dal i hawlio gwerth i'r geiriau mud,
Yn dal i godi hwyl ar lwybrau blin,
'Oes rhywun ar y rhodwydd uwch y rhyd?'

Mae'r ateb parod eto'n ffoi cyn pryd.
Mae'r dwylo'n llonydd ar eu dau ben-lin.
Ar lwyfan gwag, mae llais nad aeth o'r byd:
'Oes rhywun ar y rhodwydd uwch y rhyd?'

Myrddin ap Dafydd

Merêd efo Kathryn a Gareth yn 1977, ddwy flynedd ar ôl i'r plant symud i fyw i Gwmystwyth.

Merêd, Phyllis, Gareth a Kathryn yn dathlu llwyddiant Eluned yn ennill BA mewn Hanes o Brifysgol Cymru, Aberystwyth yn 1979.

Merêd yn mwynhau cwmni Guto Roberts mewn cynhadledd.

Priodas Guto Roberts a Marian Elias, Mawrth 1984. O'r chwith: Eifiona Williams, Guto, Merêd, Marian a Robin.

Pennar Davies, Merêd a Ned Thomas yn Eisteddfod Genedlaethol Dyffryn Lliw yn 1980, rhyw naw mis ar ôl diffodd y trosglwyddydd ym Mhencarreg.

Trosglwyddydd Pencarreg a ddiffoddwyd yn Nhachwedd 1979.

Rhuban Llywydd y Dydd yn Eisteddfod Abergwaun, 1986, lle traddododd Merêd ei araith ysgubol ar y mewnlifiad.

'Yr Ymgyrchydd Llawen!' Merêd ar ei ffordd i'r 'Black Maria' ar ôl protestio am Ddeddf Iaith Newydd y tu allan i'r Swyddfa Gymreig yng Nghaerdydd yn 1989.

(Llun: Marian Delyth)

Merêd a Phyllis yn ymweld ag Elliot a Kay Forbes yn Cambridge, Mass. yn y 90au.

Merêd gyda'i ddosbarth o ddysgwyr yn ymweld â Sain Ffagan. Cynhaliwyd dosbarthiadau anffurfiol i bobl ardal Cwmystwyth a'r cyffiniau gan Merêd a Phyllis yn Afallon am rai blynyddoedd.

Huw a Megan Jones a Nan a Harri Parri gyda Merêd a Phyllis y tu allan i Afallon.

Merêd ac Edmund Fryde yn mwynhau sgwrs mewn parti.

Merêd gyda Mair Saunders ar stondin yr ymgyrch i sefydlu Cronfa Goffa Saunders Lewis.

Merêd a Phyllis ar wyliau ar Ynys Skye.

Y teulu cyfan ar ddiwrnod cyflwyno MMus er Anrhydedd i Phyllis o Brifysgol Gogledd Cymru, Bangor, Gorffennaf 1991.

Merêd a Kathryn yn dathlu ei gradd o Brifysgol Gogledd Cymru, Bangor yn 1991.

Kathryn, Gareth, Elinor ac Eluned o flaen yr Hen Gapel yng Nghwmystwyth.

Merêd efo'i ŵyr Gareth y tu allan i Afallon yn 1994, flwyddyn cyn i Gareth farw yn 24 oed.

Phyllis, Merêd
ac Angharad
Tomos yn
Aberystwyth,
Ebrill 1995.

Phyllis a Merêd gyda
Desmond Tutu yn
Ebrill 1998 ar ôl i'r ddau
ddyn dderbyn graddau
Doethur er Anrhydedd
gan Brifysgol Cymru.
Roedd Merêd yn
edmygydd mawr o
Desmond Tutu a bu
wrth ei fodd yn sgwrsio
gydag o yn y cinio
swyddogol y noson
cynt.

Merêd ac Emyr Llew y tu allan i'r
llys yn Aberystwyth, 23 Mai 2000.
(Llun: Helga Martin)

Merêd wrth ffenestr ei stydi yng Nghwmystwyth.

Merêd a Phyllis efo'r telynor Robin Huw Bowen ar ôl iddo dderbyn Medal Owain Glyndŵr ym Machynlleth yn Awst 2000.

Cinio 'Dolig 2002. Roedd y twrci wedi mynd i'r ffwrn yn iawn ond methodd y thermostat a llosgwyd y 'deryn! Defnyddiwyd y llun ar gyfer cardiau 'Dolig y flwyddyn wedyn – a phrynwyd ffwrn newydd hefyd!

John Roberts Williams, Dyfed Evans a Merêd ar achlysur dathlu 25 mlynedd John fel cyflwynydd *Dros fy Sbectol* ym Mryn Meirion, Bangor ar 20 Chwefror 2003.
(Llun: Robin Griffith)

Merêd yn siarad mewn protest yn Aberystwyth ynglŷn â Deddf Iaith. O'r chwith: Lyn Lewis Dafis, Dafydd Morgan Lewis a Merêd.

Merêd yn brwydro'n ddewr i amddiffyn y Rheol Iaith mewn cyfarfod o Lys yr Eisteddfod Genedlaethol ar 27 Tachwedd 2004. Roedd yn rhy flinedig a digalon i sgwennu yn ei ddyddiadur y diwrnod wedyn, ond ar gefn y llun mae'r geiriau hyn: 'Colli'r dydd. Fel gan amlaf!'
(Llun: Helga Martin)

Merêd a Phyllis yn ymweld ag Uri a Yaara Orlev yn Israel ym Mawrth ac Ebrill 2006.

Merêd a Phyllis yn sefyll wrth ymyl cerflun gan Martin Wenham – un o hoff gerfluniau Merêd.

Lansio'r llyfr *Cynheiliaid
y Gân* yn Sain Ffagan, 23
Mai 2007. O'r chwith: Wyn
Thomas, Merêd, Phyllis a
Sally Harper.

(Llun: Amgueddfa Werin
Cymru Sain Ffagan)

Merêd a Phyllis gyda'r llyfr
Cynheiliaid y Gân yn Sain
Ffagan, 23 Mai 2007.

(Llun: Amgueddfa Werin
Cymru Sain Ffagan)

Llun a dynnwyd gan Merêd yn ystod gwyliau gyda Roy ac Ann Saer yn ardal Ardudwy yn Ebrill 2008. Roy wedi sgwennu ar y llun: 'Y llun trwy garedigrwydd M.E., a oedd â'i feddwl ar bethau uwch.'

Yr unig lun o Merêd gyda'r Frenhines. Aduniad Ysgol Cwmystwyth ym Mai 2009.
(Llun: Alun Jenkins)

Merêd gyda Samantha Bond yn ystod ei hymweliad hi â Chwmystwyth ar gyfer y rhaglen *Coming Home*. Roedd John Howells, un o'i chyndeidiau, yn dod o'r pentref.
(Llun: Cofnodion Cwmystwyth)

Llansannan, 2010 – y tro olaf i'r teulu i gyd fod efo'i gilydd. O'r chwith: Paul Nickson efo Ben (gor-ŵyr) ar ei lin; Eluned; Anna (gor-wyres); John; Merêd efo James (gor-ŵyr) ar ei lin; Kathryn; Phyllis; Lee (gŵr Elinor); Elinor efo Keira (gor-wyres) ar ei glin; a Peter (gŵr Kathryn).

Taid ac Anna yn mwynhau'r rygbi yn Stadiwm y Mileniwm yng Nghaerdydd.

Aelodau Cofnodion Cwmystwyth a Chymdeithas Cwmystwyth a'r Cyffiniau yng Nghilmeri ym Medi 2012. O'r chwith: Brython Davies (ar lawr), Gwyn Morgan, Margaret Bush, Mona Howells, Lynne Davies, Gladys Morgan, Mona Lewis, Marjorie Luckhurst, Merêd a Phyllis, Wina Williams, Llinos Morgan, Eluned, Edgar Morgan (ar lawr) a Gareth Jones.

(Llun: Cofnodion Cwmystwyth)

Aelodau Cylch yr Iaith yn cyflwyno anrheg i Geraint Jones ar achlysur ei briodas â Jina Gwyrfai, mewn cyfarfod yn Nolgellau ar 7 Rhagfyr 2012. O'r chwith: Helga Martin, Elfed Roberts, Ieuan Wyn, Geraint Jones, Merêd ac Emyr Llew.

(Llun: Helga Martin)

Phyllis, Merêd a Roy Saer gyda'r grŵp 10 Mewn Bws.
(Llun: Craig Chapman)

Merêd yng nghanol ei lyfrau yn ei stydi yng Nghwmystwyth – un o'i hoff lefydd.
(Llun: Jean Kingdon)

'Selfie' a dynnwyd gan Elinor ar daith y ddau yn ystod ei hymweliad hi â Chwmystwyth yn Awst 2014, ychydig ddyddiau cyn iddi ddychwelyd i'w chartref yn Awstralia.

Phyllis yn dadorchuddio plac er cof am Merêd uwchben drws Bryn Mair yn Nhanygrisiau ar 20 Hydref 2015. Trefnwyd yr achlysur gan Grŵp Paned a Chlonc yr ardal.

Yr Ymgyrchwr: Cylch yr Iaith a Phwyllgor Ymgyrch y Coleg Cymraeg Ffederal

Ieuan Wyn

Yn ei gerdd 'Anatiomaros' mae'r bardd T. Gwynn Jones yn disgrifio hen bennaeth derwyddol un o lwythau'r Brythoniaid yn ei hydref olaf. Meddai amdano, wrth gyfeirio at ei ddoethineb a'i arweiniad i'w bobl,

> Efô, rhag angen, fu orau'i gyngor,
> A nawdd ei dylwyth yn nyddiau dolur,
> Efô o'i gariad a fu gywiraf
> O'u tu ym mherygl, Anatiomaros.

Mae'n cloi'r gerdd efo ymadawiad yr hen benadur enaidfawr, 'Anatiomaros, aeth at y meirwon!'

Dyma'r llinellau a ddaeth i'm meddwl pan glywais am farw Merêd. Y tu ôl i'r cerddor talentog, y tu ôl i'r cynhyrchydd teledu creadigol, y tu ôl i'r cymeriad poblogaidd a'r cwmnïwr diddan, roedd meddyliwr difrifol. Roedd yn ŵr egwyddorol a chanddo argyhoeddiadau dwfn, ac i gefnogi hynny roedd ganddo feddwl ymholgar, dadansoddol a gallu ymresymu cadarn. Nid yw'n rhyfedd iddo gael ei ddenu i faes athroniaeth. Ond nid meddyliwr yn unig mohono ond ymgyrchwr a gweithredwr; nid heddychwr cadair freichiau ond heddychwr a wnaeth safiad fel gwrthwynebydd cydwybodol; nid cenedlaetholwr llythyr a llwyfan ond cenedlaetholwr a wnaeth sawl safiad a wynebu llysoedd barn. Roedd gweithredu cyfrifol trwy ddulliau anufudd-dod sifil iddo fo yn rhan annatod o wleidyddiaeth a phwysleisiai fod rhaid pwyso a mesur effaith ein gweithredoedd ar eraill. Credai fod pob cwestiwn ynghylch bywyd yn fater moesol, a byddai unrhyw farn neu benderfyniad o bwys ar ei ran yn ffrwyth myfyrdod a hunanymholiad dwys. Dros gyfnod helaeth, fo oedd deallusyn cyhoeddus amlycaf y Gymru Gymraeg.

Yn dilyn marwolaeth yr Athro J. R. Jones yn 1970 yn ŵr cymharol ifanc, disgynnodd ei fantell ar ysgwyddau Merêd. Wrth ddisgrifio J.R., meddai,

Gŵr ar gyfer argyfwng yw proffwyd; un sy'n ceisio dehongli i'w gymdeithas natur yr argyfwng a'i hwyneba, yn cyhoeddi barn yn yr argyfwng hwnnw ac yn ceisio cynnig ymwared rhagddo... Os ymddangosai [J.R.], fel y gwnâi yn aml, yn berson addfwyn, llariaidd, cwrtais, hunanfeddiannol a hynaws, nid oedd teimladau cryf, angerddol byth, ar unrhyw adeg, ymhell o dan yr wyneb. Gallai ffrwydro yn rymus ar brydiau, yn arbennig pan ymddangosai fod anghyfiawnder yn cael ei wneud â rhyw berson, rhyw sefydliad neu leiafrif, neu pan welai'r gwan yn dioddef a'r iachus yn gweithredu yn anghyfrifol.

Onid ydi'r disgrifiad yn gweddu i Merêd ei hun? Fel J.R., tynnai o ddau draddodiad – y traddodiad radicalaidd o frwydro dros gyfiawnder cymdeithasol, a'r traddodiad a alwyd gan Saunders Lewis 'y traddodiad politicaidd o amddiffyn y Gymraeg'. Wedi i ymgyrchwyr ifanc Cymdeithas yr Iaith golli J.R. yn gefn, ymgymerodd Merêd yn gynyddol â'r cyfrifoldeb o fod yn lladmerydd cyhoeddus cenedlaetholdeb diwylliannol. Ac yn ganolog i'r traddodiad hwnnw mae diogelu'r bröydd Cymraeg a gwarchod cyfanrwydd y bywyd Cymraeg, a sicrhau sefydliadau cenedlaethol Cymraeg. Dyma hanfodion parhad ac adferiad yr iaith, sydd â seiliau cadarn mewn cymdeithaseg iaith ac a ddylai erbyn hyn fod yn weledigaeth Llywodraeth Cymru o ran dyhead, polisi a rhaglen. Ysywaeth, nid felly y mae pethau. Oherwydd ei argyhoeddiad a'i ymlyniad di-ildio wrth egwyddor cyfanrwydd diwylliannol, sylweddolai Merêd yn ystod y 70au fod angen ei sianel deledu ei hun ar y Gymraeg, a dyna pam, yn ddiweddarach, roedd o mor amlwg yn yr ymgyrch i warchod Rheol Gymraeg yr Eisteddfod Genedlaethol, i adfer Radio Cymru ac S4C fel gwasanaethau cwbl Gymraeg ac i sefydlu Coleg Cymraeg Cenedlaethol.

Gweithiodd yn ddygn gan ddefnyddio'i ddylanwad ym mhob ffordd i gyrraedd y nod – yn sgwrsio wyneb yn wyneb, llythyru, ffonio, ysgrifennu erthyglau i'w cyhoeddi mewn cylchgronau a phapurau i'w traddodi ac i'w trafod mewn pwyllgorau, yn annerch cyfarfodydd bach a mawr, ac yn ddewis naturiol i lywyddu fforymau a chynadleddau cenedlaethol. Bu'n Llywydd Cylch yr Iaith ers 1996, ac yn ystod cyfnod o bron ugain mlynedd does gen i ddim cof ohono fo'n methu bod yn bresennol mewn cyfarfod pwyllgor nac fel aelod o ddirprwyaeth, boed i gyfarfod aelodau Awdurdod S4C, swyddogion BBC Cymru neu'r gwleidyddion yn y Cynulliad Cenedlaethol. A hynny er gwaethaf y ffaith iddo wynebu anhwylderau difrifol yn ystod y cyfnod. Roedd o'n ysbrydoliaeth oherwydd ei ymrwymiad i'r achos, cysondeb ac eglurder ei weledigaeth, ei ymresymu cadarn a'i egni rhyfeddol.

Bu'n amlwg o'r cychwyn yn ymgyrch ddarlledu Cylch yr Iaith. Gwrthodai'r aelodau godi trwydded deledu fel gwrthdystiad yn erbyn penderfyniad Radio Cymru ac S4C i gynnwys eitemau Saesneg mewn rhaglenni Cymraeg a chael cyflwynwyr cyflogedig i ddefnyddio bratiaith. Ymddangosodd Merêd gerbron Llys Ynadon Aberystwyth ar 17 Awst 1999, a phenderfynodd y byddai'n dwysáu'r ymgyrch a rhoi mwy o bwysau ar yr awdurdodau darlledu trwy wynebu carchar yn hytrach na thalu'r ddirwy. Trefnodd nifer o gefnogwyr – ysgolheigion yn bennaf – dan arweiniad yr Athro Geraint H.

Jenkins a Gwynfor Evans i dalu'r ddirwy a'r costau llys gan eu bod yn pryderu am ei iechyd pe bai'n mynd i'r carchar. Roedd safiad Merêd yn hwb enfawr i'r ymgyrch. Er mwyn dangos ei gefnogaeth, gwnâi ymdrech i fod yn bresennol yn y llysoedd pan ddeuai'r aelodau o'u blaen, ac yn aml bu'n siarad fel tyst. Bu deunaw aelod o flaen llys yn ystod yr ymgyrch, a charcharwyd Emyr Llywelyn a Geraint Jones am iddynt wrthod talu'r dirwyon a'r costau a osodwyd arnynt.

Fel cyfraniad cwbl allweddol Dafydd Glyn Jones, prif symbylydd yr ymgyrch ers ei alwad gychwynnol yn 1998, roedd cyfraniad Merêd yn anhepgor fel aelod amlwg o Bwyllgor Ymgyrch y Coleg Cymraeg Ffederal hyd at sefydlu'r Coleg Cymraeg Cenedlaethol yn 2011. Fel ysgrifennydd y pwyllgor, cefais i a'r aelodau eraill – Elfed Roberts (Cadeirydd), Dafydd Glyn Jones, Dr Delyth Morris, Dr Einir Young, Emyr Llywelyn, Geraint Jones a Helga Martin (a Catrin Dafydd ac Osian Rhys yn cydlynu gydag UMCA) – y fraint o gydweithio'n agos ag o yn yr ymgyrch. Byddai wedi paratoi'n drylwyr cyn pob cyfarfod o'r pwyllgor, a byddai ganddo argymhellion pendant bob amser. Mynnai wyntyllu pob pwynt, a byddai'n cloriannu'n daclus oblygiadau strategaeth, tactegau a phenderfyniadau. Pan gyhoeddwyd yn 2007 y byddai Llywodraeth y Cynulliad yn sefydlu Coleg Cymraeg Ffederal, roedd yn gyd-gyfrifol am y datganiad i'r wasg a'r cyfryngau darlledu a wnaed ar y pryd gan Bwyllgor yr Ymgyrch. Mae'n werth ei atgynhyrchu yma fel cofnod o'r achlysur ac o'r cyfnod, ac i atgoffa ein gwleidyddion a'r gweinyddwyr academaidd heddiw ac i'r dyfodol o'r cyfrifoldeb sydd arnynt i gefnogi'r coleg ymhob rhyw fodd, gan gynnwys, wrth gwrs, sicrhau bod cyllid digonol iddo allu datblygu a chyflawni ei amcanion:

Mae sefydlu Coleg Cymraeg Ffederal yn fwriad gan Lywodraeth y Cynulliad. Nodir hyn yn y ddogfen Cymru'n Un, sef rhaglen lywodraethu clymblaid y Blaid Lafur a Phlaid Cymru. Mae'r Democratiaid Rhyddfrydol a'r Ceidwadwyr hefyd yn cefnogi'r bwriad, fel y dengys y cymal yn Cytundeb Cymru Gyfan, dogfen y 'glymblaid enfys' fel y'i gelwid.

Yn sgil hyn, nid breuddwyd a dyhead yn unig mo'r Coleg mwyach, ac nid galwad a slogan ymgyrch. Nid addewid maniffesto hyd yn oed. Bellach, mae'n ymrwymiad llywodraeth, ac mae hyn yn gosod cyfrifoldeb arbennig ar y gwleidyddion ac ar y gweinyddwyr academaidd fel ei gilydd.

Yn ôl y drefn arferol, y disgwyl yw y bydd Jane Hutt, y Gweinidog Addysg, yn galw ar Brifysgol Cymru, Addysg Uwch Cymru a Grŵp Darpariaeth Cyfrwng Cymraeg Cyngor Cyllido Addysg Uwch Cymru i gydweithredu i ddarparu Cynllun Coleg Cymraeg Ffederal. Bydd hyn yn golygu llunio cyfansoddiad y corff newydd a chynllun ar gyfer ei sefydlu, ynghyd â chostio'r cyfan.

Mae'n hanfodol bod y broses hon yn cychwyn mor fuan ag y bo modd ac yn mynd rhagddi fesul cam yn gadarn a diwyro. Bydd Pwyllgor Dysg a Menter y Cynulliad o dan gadeiryddiaeth Gareth Jones AC, ynghyd â Rhodri Glyn Thomas AC, fel y Gweinidog Treftadaeth, yn allweddol yn y gorchwyl o yrru'r broses yn ei blaen a'i harolygu.

Edrychwn ymlaen at weld cydweithrediad pwrpasol rhwng yr holl gyrff, a bydd Pwyllgor yr Ymgyrch yn barod i wneud popeth yn ei allu i hyrwyddo'r cydweithrediad hwn er mwyn cael y maen i'r wal a throi'r Coleg yn ffaith.

Pan sefydlwyd y Coleg yn 2011, fel y mae Dr Ioan Matthews, y Prif Weithredwr, ac eraill yn gwybod, doedd dim pall ar ddiddordeb Merêd yn hynt y sefydliad newydd, yn holi'n gefnogol ac ysgogol ynghylch pob agwedd ar ei waith. Holi consyrnol a mynd at wraidd pethau. Holi'n daer a gonest er mwyn cynorthwyo'n ymarferol. Credai Merêd mai'r cam naturiol a chwbl allweddol nesaf oedd gwreiddio'r sefydliad cenedlaethol Cymraeg newydd yn y gymdeithas Gymraeg. Dyna pam y galwodd am sefydlu Cyfeillion y Coleg, gyda'r bwriad o ddenu cynifer ag oedd yn bosib o aelodau'r cyhoedd yn gyffredinol i ymuniaethu â'r coleg a chefnogi ei amcanion. Roedd eisiau gweld trefn lle byddai 'Cyfaill' yn aelod o'r coleg ac yn derbyn gwybodaeth yn rheolaidd am wahanol weithgareddau megis cynadleddau, lansiadau, cyfarfodydd gwobrwyo, darlithoedd cyhoeddus ac ati. Fe'i gwahoddwyd i fod yn Llywydd Cymdeithas Cyfeillion y Coleg, a'i obaith oedd y gellid sefydlu canghennau ledled Cymru a fyddai'n cynnal gweithgarwch a threfnu digwyddiadau yn lleol.

Yr un cymhelliad, sef dyfnhau a lledu gwreiddiau'r coleg yn y gymdeithas Gymraeg, oedd y tu ôl i'w waith yn sefydlu Ymddiriedolaeth Cronfa William Salesbury. Roedd arno eisiau gweld corff cefnogol a fyddai'n gweithredu'n annibynnol ar y coleg ac yn codi arian i'r diben o greu Ysgoloriaeth William Salesbury i gyflwyno cyfraniadau ariannol sylweddol i fyfyrwyr a fyddai'n dilyn eu cyrsiau'n gyfan gwbl trwy gyfrwng y Gymraeg. Gydol yr ymgyrch i gael Coleg Cymraeg Cenedlaethol, roedd Dafydd Glyn Jones wedi bod yn ein hatgoffa o gyfraniad mawr William Salesbury, awdur y geiriau anogol 'Mynnwch ddysg yn eich iaith', ac wedi gobeithio mai Coleg William Salesbury fyddai enw'r sefydliad newydd. Hefyd, roedd dyrnaid bach o gefnogwyr academaidd, yn Aberystwyth yn bennaf, wedi sefydlu Cymdeithas William Salesbury yn y gobaith y byddai'n datblygu'n sail i Goleg Cymraeg Ffederal. Gwaetha'r modd, ni dderbyniodd agos ddigon o gefnogaeth o blith Cymry'r colegau a daeth i ddiwedd disymwth. Dyma sydd y tu ôl i enw'r ymddiriedolaeth. O gyfarfod cyntaf un yr ymddiriedolwyr, byddai Merêd yn ein siarsio i drefnu gweithgareddau yn ein hardaloedd i godi arian i'r gronfa a'n hannog i ofyn i'n cyfeillion gyfrannu mor hael ag y gallent. Rhoddai bwys mawr ar werth yr apêl bersonol, a llwyddodd i dderbyn cyfanswm anrhydeddus oddi wrth ei gydnabod ei hun yn sylfaen i'r gronfa. Bellach, drwy haelioni ei deulu, sefydlwyd Ysgoloriaeth Meredydd Evans ochr yn ochr ag Ysgoloriaeth William Salesbury.

I gydnabod ei ymdrechion, urddwyd Merêd yn Gymrawd er Anrhydedd yng Nghynulliad Blynyddol cyntaf y coleg yn Abertawe yn 2012. Bellach, er cof amdano, a hynny trwy rodd hael un o'i gydnabod, sefydlwyd Gwobr Merêd gan y coleg i'w dyfarnu'n flynyddol i fyfyriwr fydd wedi gwneud cyfraniad nodedig i'r bywyd a'r diwylliant Cymraeg o fewn prifysgol ac yn ehangach. Byddai Merêd wedi bod yn hynod falch o hynny.

Yn 1994, y flwyddyn roedd Merêd yn 75 mlwydd oed, cyhoeddwyd dan olygyddiaeth Ann Ffrancon a'r Athro Geraint H. Jenkins ddetholiad o'i ysgrifau mewn amrywiaeth o feysydd. Yn eu rhagair i'r gyfrol, cyfeirir at ei 'gyfraniad aruthrol fawr' ac at 'amlochredd y gŵr disglair, egnïol a hwyliog', gan ychwanegu, 'hir y cofir ei safiad dewr a chadarn'. Mae'r golygyddion yn cloi trwy ddweud, 'Y mae cymaint mwy y gellid ac y dylid ei ddweud am gwmnïwr afieithus sydd bellach yn chwedl yn ei oes ei hun.' A hyn, fel y nodais, pan oedd Merêd yn bymtheg a thrigain oed. Roedd ganddo ugain mlynedd eto o'i flaen – ugain mlynedd o egni di-ball, ugain mlynedd o greadigrwydd pwrpasol ac ymroad dygn, ugain mlynedd o gyflawni ysbrydoledig. Ymroes i geisio cwblhau'r gorchwylion roedd wedi eu gosod iddo'i hun yn y byd cerddorol ac ym maes athroniaeth, yn ogystal â cheisio cadw pethau gorau'r fro ac ymgyrchu'n genedlaethol dros y Gymraeg. Hogyn o Danygrisiau oedd o drwy'r amser, ac yng Nghwmystwyth, ei fro fabwysiedig, roedd wrthi'n ddiarbed hyd y diwedd yn cynnal y traddodiadau cymdeithasol a chrefyddol. Ailgychwyn yr eisteddfod leol oedd un o'i ymdrechion diweddaraf efo rhai o'i gyd-drigolion triw. Yn y 70au, mewn ymateb i alwad Adfer meddai, roedd o a Phyllis wedi symud i fyw i ardal Gymraeg, a gwyddai'n iawn arwyddocâd geiriau Gerallt Lloyd Owen am ddihidrwydd ein cyd-Gymry sy'n cyfrannu nemor ddim yn gymunedol, 'Heb wraidd na chadwynau bro / Heb ofal ond bihafio.' Mynegodd droeon y pryder a deimlai fod cynifer o'n cyd-Gymry ifanc heb brofiad o drawstoriad cymdeithasol bro Gymraeg wreiddiedig. Ochr yn ochr â'r gwaith cymunedol, wrth gwrs, roedd yr ymgyrchu cenedlaethol i warchod yr etifeddiaeth. Y diwrnod cyn iddo gael ei daro'n wael, roedd o'n holi'n arw am hynt y Bil Cynllunio ac yn gofidio am effaith cynllun tai Gwynedd a Môn ar sefyllfa'r iaith.

Mae ein hymwybyddiaeth o'i bresenoldeb yn parhau, a bydd ei gariad mawr at y pethau gorau yn dal i'n hysbrydoli.

Ar achlysur dathlu ei ben blwydd yn 90 oed, braint i mi oedd cael cyfle i'w gyfarch ym Mhontrhydfendigaid gyda'r englynion a ganlyn.

Merêd

Yn yr ing yn awr angen ar y môr
  Y mae un sy'n gapten;
Yn dal y criw fel dolen
Bydd un i bob un yn ben.

Merêd â llwyr ymroad llyw; ceidwad
  Cadarn rhag ein distryw;
Ein Merêd y Cymro yw,
A Merêd ein mur ydyw.

Merêd yn ei weithredoedd, yn arddel
  Ag urddas y gwerthoedd;
Ei gân yw'r Gymraeg ar goedd,
Ein cân yn y drycinoedd.

Merêd y llais diledryw, â'i allu
  Yn ei ddull unigryw
Yn adfer ein cân ledfyw,
Ei rhoi ar glawr ac ar glyw.

Merêd y traw alawon; tant mwynaidd
  Y gwylaidd o galon;
Trwy ei reddf, boed leddf neu lon,
Newydd yw'r hen ganeuon.

Merêd yn byw ei gredo; mawr ei barch
  Yn cyfarch, yn cofio;
Di-nâg ble bynnag y bo,
Yn garedig ei rodio.

Merêd y di-rigmarôl, â'i enaid
   Yn ei wên naturiol;
  Yn annwyl, yn werinol,
  Ac i bawb yn ddi-gybôl.

Merêd trwy'i fyw yn mawrhau ei wreiddyn
   Ym mhridd Tanygrisiau;
  Fel y grug ar foel greigiau,
  Fel bro, yn dyfalbarhau.

Merêd

Mae Cymru'n oerach heno heb Merêd,
Ysgytiwyd llechen fras o frig y to,
A ninnau'n teimlo'r ias heb hyd a lled
A dyfnder ei ddyneiddiaeth heulog o.
Bu'n Chwefror brwnt: y Moelwyn a Bryn Garw
Yn crynu yn eu crwyn a'r eira'n drwm,
A chenlli Ystwyth hithau, ar fy marw,
Yn poeri bygythiadau hyd y cwm.
Dychymyg bardd? Efallai. Ond mi wn
Fod bwlch brawychus bellach yn y mur
Ym mis y marwolaethau; claddu hwn
Fydd claddu'r meddwl mawr a'r galon bur.
Os marw yw'r ehedydd, drannoeth, dradwy,
Ymrown, er mwyn Merêd, i lenwi'r adwy.

Huw Meirion Edwards

Y Niwsans i'r Rhai sy'n Credu mewn Trefn

Angharad Tomos

Dycnwch ydi'r gair sy'n dod i'r meddwl. Dal ati – i'r eithaf. Meddyliais y byddwn yn ceisio canfod pryd y daeth yn genedlaetholwr, neu'n sosialydd, neu'n ymgyrchydd. Ond diawch, onid oedd yn rhain i gyd o'r crud? Uwchlaw popeth, roedd yn hogyn o Danygrisiau, a dyna sail y pethau pwysig i gyd a luniodd ei gymeriad. Dyna hanfod ei gerdd olaf,

> Ple bynnag af hyd gyrrau'r cread crwn
> Af â'm cynefin hefo mi, mi wn.

Roedd ganddo fo'r gallu i fynd i rywle yn y byd, ac mi aeth yn bell, ond adre y daeth. Ac mae hynny yn adrodd cyfrolau. Roedd ei Gymreictod yn golygu cymaint iddo. Yn Nhanygrisiau ei blentyndod, doedd y Gymraeg ddim dan fygythiad. Roedd o ymysg y rhai ffodus, y genhedlaeth olaf i gael ei magu mewn cymdeithas uniaith Gymraeg.

Ac eto, mae'r Genhedlaeth Ffodus yn gorfod wynebu'r eironi eithaf, sef bod yn dystion i chwalfa yr union gymdeithas honno. Nid colli iaith yn unig mae rhywun, ond colli ffordd o fyw a cholli gwerthoedd. Dwy ffordd yn unig sydd o ymateb. Anobeithio a rhoi'r ffidil yn y to, neu dorchi llewys a brwydro. Dydi o ddim yn syndod mai'r olaf oedd y llwybr ddewisodd Merêd.

Dwi'n eiddigeddus am ei fod wedi gallu gwneud hynny'n

llawen. Mae llawer ohonom yn torchi ein llewys ac yn crychu ein talcen. Dydan ni ddim yn hapus, ac rydym am ddangos hynny. Baich ydi'r cyfan. Roedd yn faich ar Merêd, ond wnaeth o ddim dangos hynny. Tydi pobl sy'n boddi ddim eisiau gwrando ar alaw leddf. Gwên a geiriau i godi'r galon maen nhw eisiau.

Ar ei ben i'r Sefydliad yr aeth o – i grombil y Bwystfil, i'r BBC. A thrwy berswâd a grym ei wên a chynhesrwydd ei bersonoliaeth, creodd chwyldro. Mae cymaint o adloniant diweddar Cymraeg yn dod yn ôl at Merêd. Byddai'r hyn y llwyddodd i'w wneud ym maes adloniant wedi bod yn hen ddigon o waddol. I Merêd, doedd o ddim yn ddigon.

O'i swydd gyfforddus yng Nghaerdydd, gwyddai Merêd fod yna rywbeth mawr yn digwydd yn yr ardaloedd Cymraeg. Mae llawer yng Nghaerdydd yn gwybod hynny, ond anodd ydi newid byd. Mi gymerodd Merêd y cam. Gyda'r alwad ar i bobl ddychwelyd i gefn gwlad, gadawodd Merêd a Phyllis Gaerdydd, a mudo i Gwmystwyth.

Nid pâr ifanc yn dechrau bywyd priodasol oeddent. Roedd y ddau yn eu chwedegau, ac mae yna lawer lle mwy hygyrch i fyw ynddynt pan ydych yn ymddeol na Chwmystwyth. Prynodd Merêd a Phyllis Afallon, a dyma gychwyn cyfnod newydd yn eu bywydau. Cyfnod ymgyrchu diflino dros y Gymraeg.

Roedd Merêd yn ei chwedegau pan gefnogodd Gymdeithas yr Iaith yn agored. Dwi'n meddwl am ei araith yn Eisteddfod Caernarfon, 1979. Pwt yn unig fyddai disgwyl i rywun ei roi yng nghanol noson lawen. Rhoddodd Merêd araith! Soniodd am aneffeithiolrwydd pleidiau gwleidyddol, yn enwedig wedi'r refferendwm cyntaf ar ddatganoli. Yn hytrach na rhoi ein ffydd yn San Steffan, dywed fod, 'Rhaid inni greu a chynnal yr ewyllys i fyw fel Cymry Cymraeg trwy weithio'n egnïol yn ein cymdeithasau'n hunain, ac o'r rheini, does 'na'r un sy'n debycach o fod yn fwy effeithiol na Chymdeithas yr Iaith Gymraeg.'

Ar ddiwedd yr araith, cyfeiria at soned T. H. Parry-Williams, ac yng ngeiriau Merêd mae'n dweud bod yr iaith yn 'dipyn o *niwsans* i'r rhai sy'n credu mewn trefn', gan ychwanegu, 'Hyd y gwela i, y mae'n rhaid inni fod yn gryn dipyn o niwsans.'

A dyna ddaru o, am 36 mlynedd. Welais i rioed ymddeoliad mwy anobeithiol. Roedd o'n athronydd, yn ddarlithydd, yn ddiddanydd, yn ganwr a cherddor a phenderfynodd fod yn ymgyrchydd hefyd. Byddai ychydig o anogaeth i ymaelodi yng nghanol noson lawen gan rywun o statws Meredydd Evans wedi bod yn ddigon i'm bodloni i. Ond mi gymerodd y dyn y busnes o ddifri. Daeth yn aelod o Senedd Cymdeithas yr Iaith yn yr 80au, a gwneud ei hun yn niwsans yno. O fewn blwyddyn o fod yn rhengoedd y Gymdeithas, roedd o eisiau gweithredu.

Canlyniad hyn oedd i Merêd, Pennar Davies a Ned Thomas weithredu ym Mhencarreg fel rhan o ymgyrch Cymdeithas yr Iaith i sicrhau sianel Gymraeg yn Hydref 1979. Aeth y tri i fast Pencarreg liw nos a chymryd cyfrifoldeb am ddiffodd y trosglwyddydd. Roedd hyn flwyddyn cyn safiad Gwynfor Evans, yn fuan wedi i Thatcher ddod yn Brif Weinidog, ac ar ôl canlyniadau trist y refferendwm. Roedd dirfawr angen rhywbeth i roi hwb i'r galon. Dyna bwysigrwydd gweithred Pencarreg, a'r achos yn Llys y Goron a ddilynodd. Gallwch chi ddarllen dyddiadur Merêd o gyfnod y weithred yn *Wyt Ti'n Cofio?* (Y Lolfa, 1989, gol. Gwilym Tudur, t. 155). Yn ei araith yn y llys, eglurodd Merêd y cymhelliad dros weithredu: 'Mynnwn ddwyn i sylw llywodraeth a gwleidyddwyr yn gyffredinol rai o anghenion diwylliant cenedlaethol hen, anrhydeddus a chyfoethog, sydd ar drothwy diflaniad.'

Gwnaeth Cymdeithas yr Iaith y defnydd mwyaf o gefnogaeth person fel Merêd. Nid yn unig roedd disgwyl iddo fynychu cyfarfodydd Senedd a Grŵp, roedd galw arno i annerch ralïau, sgwennu erthyglau, siarad yn y Cyfarfod Cyffredinol, arwain dirprwyaeth, sgwennu llythyr, casglu cefnogaeth. Gwnaeth hynny yn ddirwgnach. Ac nid ymateb i ofynion mudiad oedd o, ond annog, cynnig syniadau, dangos y ffordd a rhoi sail athronyddol i gymaint o'n dadleuon.

O bell roedd Saunders Lewis yn llefaru, ac roedd wedi hen anobeithio. O'n canol ni roedd Merêd yn llefaru, wastad yn rhybuddio, byth yn anobeithio. Ond mae angen rhywun dewr iawn i rybuddio ei genedl am rywbeth y byddai'n llawer iawn haws ei osgoi.

Roedd rhai fel Cynog Dafis wedi bod yn trafod 'y mewnlifiad' yn y gorffennol, ond roedd o'n fater sensitif, yn enwedig pan oedd tai haf yn cael eu llosgi. Doedd neb eisiau cyffwrdd y pwnc, roedd o'n rhy 'boeth' yn wleidyddol. Roedd Cymdeithas yr Iaith hyd yn oed yn osgoi'r pwnc, ac yn trio canolbwyntio yn hytrach ar 'degwch yn y farchnad dai'. Ond hwn oedd yr eliffant yn yr ystafell. Penderfynodd Merêd fynd i'r afael â'r mater. Fo oedd Llywydd y Dydd yn Eisteddfod Abergwaun yn 1986. Roedd ganddo lwyfan, a manteisiodd i'r eithaf arno. Fe'i cofiaf yn traddodi ei araith. Roedd yr hogyn o Danygrisiau wedi gwylltio, roedd o'n daer, roedd o'n angerddol. Ond nid dial a tharo'n ôl mae o'n ei argymell, ond gweld y potensial ynom ein hunain. Roedd lle i groesawu estroniaid i'n plith, ond ar ein telerau ni ein hunain. Yna mae'n dweud hyn: 'Yn hytrach nag anobeithio rhaid inni weithredu ffydd greadigol yn ein gallu i newid y sefyllfa.'

Apeliodd – yn niffyg gwladwriaeth genedlaethol – ar y cynghorau lleol i weithredu. Chymeron nhw ddim iot o sylw ohono. Ond beirniadwyd Meredydd Evans yn ddiflewyn-ar-dafod am feiddio codi'r pwnc. 'Cywilyddus o hiliol' oedd sylw yr aelod seneddol Llafur, Alan Williams. Dal ati wnaeth Merêd, ac roedd yn cyfeirio ei sylwadau at Blaid Cymru yn ogystal â phob plaid arall.

Aelod o Blaid Cymru oedd Merêd, ac roedd yn aelod gweithgar o'r gangen leol. Ond mi ymddiswyddodd ddwywaith ohoni, ar wahanol faterion. Afraid dweud mai dod yn ôl i'r gorlan a wnaeth. Teimlo i'r byw oedd o, ac o ganlyniad câi ei glwyfo. Yn yr un modd, credai yn angerddol ym mhopeth. Mae sôn iddo gerdded o gyfarfod wedi myllio pan oedd rhywun yn trafod y delyn deires! Ond fyddai o byth yn dal dig.

Ddiwedd yr 80au, roedd Merêd yn dal yn weithgar yn rhengoedd Cymdeithas yr Iaith, a'r ymgyrch fawr ar y pryd oedd Deddf Iaith newydd. Roedd wedi dadlau yn erbyn y meddylfryd 'diolch yn fawr', nad oedd 'Welsh on request' yn werth y papur y sgrifennwyd y Mesur Iaith arno. Fel y mynegodd yn eglur, 'Y meddylfryd amlwg sydd tu ôl i sefydlu'r Bwrdd Iaith ydi'r meddylfryd sy' fwya cartrefol yn sŵn geiriau megis perswâd, apêl, ewyllys da, llwybr canol, cyfaddawd ac ati.'

Un peth oedd clywed aelodau ifanc diamynedd Cymdeithas yr Iaith yn dweud hyn. Peth tra gwahanol oedd clywed athronydd amlwg fel Meredydd Evans yn ei ddweud.

Ni fodlonodd ar lefaru geiriau yn unig. Roedd ymysg y rhai a sgrifennodd y slogan 'Deddf Iaith Newydd' ar fur y Swyddfa Gymreig mewn rali yng Nghaerdydd yn 1989. Cafodd beth trafferth efo'r chwistrellwr, ond pan ddaeth yr heddlu i'w gyrchu roedd gwên lydan ar ei wyneb. Mae Marian Delyth wedi dal yr eiliad, Merêd, y wên a'r chwistrellwr.

Mae Merêd wedi llofnodi fy nghopi i o'r llun efo'r sylw, 'Weithiodd o? Falle...'

Mae'r wên honno yn chwedlonol bellach. Pwy allai ddigio efo dyn oedd mor gariadus? Sawl gwaith bûm ar ddirprwyaeth efo fo, ac roedd gen i wyneb arbennig ar gyfer achlysuron felly. Po fwyaf oedd y Sefydliad, mwyaf oedd fy ngwg i. Ro'n i eisiau dangos fy nicter. Nid felly Merêd. Cyfarchai ei wrthwynebwyr. Ysgydwai law yn harti, chwarddai, gofynnai amdanynt, ac am eu teuluoedd. Ches i rioed gwrdd â D. J. Williams yn y cnawd, ond fedra i feddwl mai awyrgylch felly roedd o'n ei chreu. Roedd y stafell yn cynhesu, ac roedd pawb yn teimlo'n fwy cymodlon. Hyd yn oed pe na bai'r cariad yn ddidwyll, roedd yn dechneg ymgyrchu effeithiol. Ond roedd cariad Merêd yn gwbl ddidwyll. Wynebu yr un ffordd oeddem tuag at gymod, nid ymarfogi i ddal ein tir ac ennill pwyntiau. Roedd yn addysg bod yn ei gwmni.

Mae'n rhaid bod y cyfan yn flinedig. Roedd yr holl ymgyrchu yn fy mlino i, ac ro'n i'n ddigon ifanc i fod yn ferch iddo. Gwyddai, fodd bynnag, beth oedd yn y fantol. Ni allai fforddio gorffwys ar ei rwyfau. Daeth anrhydeddau i'w ran, ond wnaeth o ddim cilio o'r gad ac ymneilltuo i'w stydi. Roedd ganddo waith anferthol i'w gwblhau, ac roedd cael amser i ymchwilio yn y Llyfrgell Genedlaethol i ganu gwerin a phynciau eraill yn hollbwysig iddo. Ond daliodd ati i ymgyrchu.

Nid ymgyrchwr un mudiad oedd o. Roedd o'n aelod o Blaid Cymru, o Gymdeithas yr Iaith, o Gylch yr Iaith a'r ymgyrch dros Goleg Cymraeg. Rhannai ei amser rhwng y rhain, yn ogystal â gwasanaethu llu o fudiadau a chymdeithasau lleol.

Wedi blynyddoedd o ddangos gwendidau'r Bwrdd Iaith, daeth Meredydd Evans i'r casgliad fod yn rhaid iddo dorri'r gyfraith unwaith eto yn 1993. Nid mater o chwistrellu dipyn o baent y tro hwn, ond cyflawni gweithred ddifrifol.

Gweithred i ddangos yr angen am ddeddf oedd hi, felly cafwyd y syniad o dorri i mewn i adeilad Llys y Goron yng Nghaerfyrddin. Pobl eraill oedd yn gweithredu efo Merêd oedd Gerallt Lloyd Owen a John Rowlands. Yn bryfoclyd, doedd o ddim am weithredu yn enw Cymdeithas yr Iaith y tro hwn. Roedd am i'r weithred ddigwydd yn enw criw o Gymry er mwyn ailafael yn yr ymgyrch dros Ddeddf Iaith. Dymunai Merêd i'r achos llys fyddai'n dilyn gael ei glywed yn Llys y Goron yn hytrach nag mewn Llys Ynadon, felly roedd angen gwneud rhywbeth digon difrifol. Y syniad a gawsant yn y diwedd oedd peri difrod i gadair y Barnwr. Torrodd eraill i mewn ac agor y drws i Merêd a'i gyfeillion. Llwyddwyd i gael achos yn Llys y Goron a dyna'r cyhoeddusrwydd roedd yn awyddus i'w gael. Yn ôl Cen Llwyd, oedd yn arwain y Grŵp Statws ar y pryd, yr hyn sy'n sefyll allan am y weithred yw pa mor drylwyr roedd Merêd yn trefnu popeth. Treuliai oriau ar y ffôn yn siarad a thrafod wyneb yn wyneb, ac roedd yr holl ohebu'n digwydd yn ei lawysgrifen hardd.

Bu wrthi am amser mor faith, daethom yn ddibynnol iawn arno. Fydda fo ddim yn diolch i mi am hyn, ond roedd llawer ohonom yn ei ystyried yn debyg i Moses. Rhywun oedd yno ers cyn cof, rhywun doeth ryfeddol, rhywun allai ddadlau ei achos a dwyn perswâd, rhywun oedd yn gwybod ei stwff, ac yn barod i ymladd drosom. Colli hynny ydan ni, yn ogystal â'r bersonoliaeth fawr. Colli ei ddull deifiol o wneud pwynt. Dyma un frawddeg fel esiampl: 'Ni allwn ond teimlo'n ddig a mynegi ein dirmyg at lywodraeth sy'n dlodaidd ei dychymyg, yn grintach ei hysbryd ac yn druenus o ddiffygiol yn ei hymwybod â gofynion cyfiawnder.' ('Rydym yn Haeddu Gwell', *Merêd: Detholiad o Ysgrifau Dr Meredydd Evans*, Gwasg Gomer, 1994, t. 373.)

A cholli cwmnïaeth ymgyrchydd difyr. Mor ddiweddar â dwy flynedd yn ôl, byddwn yn mynd ar ddirprwyaethau i weld rhai mewn awdurdod, a byddai Merêd yn ymuno efo ni. Cylch yr Iaith oedd yn trefnu'r cyfarfodydd yn nhref Dolgellau, a byddem yn cael paned yng Nghaffi'r Sosban. Mawr oedd y sgwrsio, ac roedd y gwmnïaeth yn gynnes.

Un tro, dywedodd y ferch ifanc tu ôl i'r cownter wrth Merêd nad oedd yn deall yr iaith a siaradai.

'I don't speak Welsh.'

'Wrth gwrs dy fod ti, 'mechan i,' atebodd Merêd, efo winc arni. 'Gwranda rŵan – paned o de – *tea*, a sgonsan – *scone*, ti'n deall hynny dwyt?'

Bu raid i'r hogan wenu. Roedd yr hud yn dal i weithio. Mewn cwta funud, roedd o wedi ennill edmygydd arall.

Rai wythnosau cyn i ni ei golli, roedd o wedi cael chwilen yn ei ben efo rhyw fater yn ymwneud â Chymdeithas yr Iaith. Ro'n i wedi dweud wrtho fo nad oedd a wnelo fi â'r busnes o gwbl, ond wnâi hynny mo'r tro. Ffoniodd eto, ac eto. Hyd yn oed os nad oedd gen i lais yn y mater, gallwn siarad efo hwn a hon. Roedd y mater yn ei boeni. Roedd eisiau *gwneud* rhywbeth. Pan ffoniodd am y bedwaredd waith, dywedais frawddeg nad o'n i'n disgwyl y byddwn yn ei dweud,

'Mae'r dyn yna yn niwsans.'

Cefais ryw syniad beth oedd o i gael Merêd ar eich ôl. Os oedd o wedi gwneud hyn efo pobl mewn awdurdod ac efo ffrindiau am dros hanner can mlynedd, be yn y byd oedd yn ei yrru? Sut nad oedd o'n blino, neu'n rhoi'r gorau iddi?

Yr ateb yw ei angerdd. Welais i neb – neb – oedd yn teimlo mor angerddol dros Gymru a'r Gymraeg. A dyna oedd yn ei danio. Roedd yn teimlo i'r byw.

Ac wrth i minnau edrych yn ôl yn hiraethus, gallaf deimlo

y llygaid mawr yna'n gwgu arnaf, ac yn wfftio 'mod i'n digalonni.

'Be sydd arnat ti, hogan? Does dim eisiau bod felly. Gwastraff amser ydi digalonni. Dos yn ôl at y gwaith, gafael yn dy bin sgwennu, gwna rywbeth, da ti!'

Ac mae o'n llygad ei le. Mi fu'n ymgyrchydd gwiw, ac yn esiampl i ni i gyd. Y peth lleiaf y gallwn ei wneud yw parhau'r frwydr, dal ati i fod yn niwsans, a chael ein hysbrydoli gan yr hogyn o Danygrisiau.

Merêd

Afraid oedd hen frath Chwefror – mis barus
    mis byr, diegwyddor;
   dibris yw'r mis all roi môr
   o alaw ar un elor.

Anwen Pierce

Merêd yr Ymchwilydd Canu Gwerin

Robin Huw Bowen

Does dim dwywaith mai canu gwerin ddaeth â mi 'nôl at fy ngwreiddiau.

Yn ystod fy 'mlynyddoedd ffurfiannol' (y 70au) yn Lerpwl, roedd bwrlwm adfywiad y byd gwerin Seisnig yn heintus. Roedd yr arwyr lleol enwog hynny, The Spinners, ar y brig, a byddai rhai o gyd-weithwyr dysgu Dad yn gwneud tipyn o ganu hefyd, efo'r gitarau, siwmperi Aran a'r potiau cwrw ystrydebol, wrth gwrs! Roedd sesiynau Gwyddelig yn dechrau cydio, ac roedd hi'n adeg arloesol y sin 'folk-rock', a 'mrawd wedyn yn fy nghyflwyno i albyms Fairport Convention a Steeleye Span pan fyddai'n dod adre ar wyliau o Brifysgol Reading.

Ond y telynor Llydewig Alan Stivell oedd y dylanwad mwyaf arnaf bryd hynny. Ganddo fo y clywais y delyn werin gyntaf, a hynny y tu fewn i gyfrwng cyfoes gafaelgar 'folk-rock' eto, ond y tro hwn gyda sachbibau a'r *bombarde* Llydewig, ac ieithoedd ac elfennau eraill Celtaidd. Waw!

Nid gor-ddweud wedyn yw datgan mai Alan Stivell ddaru newid cwrs fy mywyd. Oherwydd yr hudoliaeth Geltaidd yma yn ei gerddoriaeth, des i'n fwy ymwybodol o'r dreftadaeth Geltaidd y mae Cymreictod yn rhan annatod a phwysig ohoni, ac roeddwn am lenwi'r bwlch yn fy mywyd (a adawyd gan drefn addysg Lloegr) lle dylasai'r Gymraeg a Chymreictod fod wedi bod. Felly, yn lle mynd i brifysgol rywle yn Lloegr, penderfynais ddychwelyd at fy ngwreiddiau Cymreig a dilyn cwrs Astudiaethau Celtaidd yng Ngholeg Prifysgol Cymru, Aberystwyth.

Er i mi gael y fath flas ar draddodiadau gwerin Lloegr, Iwerddon, Llydaw a'r Alban, wyddwn i fawr ddim am gerddoriaeth werin Gymreig. Mi oedd Stivell wedi recordio rhyw ddau drac Cymreig, ond dyna i gyd. Dyna pam mai yn ystod fy mywyd coleg y dechreuais ddysgu'n iawn am ein cerddoriaeth werin ni ein hunain. Roedd y grwpiau gwerin newydd Cymraeg yn dechrau ymddangos – Plethyn, Cilmeri, Bwchadanas, heb sôn am yr arloeswyr pwysicaf (i mi), Ar Log, a wnaeth i mi ddechrau ei dallt hi'n iawn. Y ddau frawd yn y grŵp, Dafydd a Gwyndaf Roberts, a'm cyflwynodd gyntaf i'r delyn deires. Waw!

Ac ar yr adeg yma hefyd y dechreuais glywed crybwyll rhyw enw arbennig, sef, wrth gwrs, 'Merêd'. Byddai rhai ffrindiau coleg yn canu ambell gân werin gan ddweud, 'Un o rai Merêd oedd honna' (wedi'i chodi ganddynt o hen recordiad y Smithsonian ohono, mae'n debyg). Mi oedd 'na ryw atsain o'r enw yma yn fy mhen yn barod, o oes fy mhlentyndod pell, rhyw 'Mw-mw, me-me, cwac-cwac!', ond ni chofiwn ddim mwy na hynna!

Ac a dweud y gwir, thalais i ddim llawer o sylw i'r enw ar y pryd. Wedi'r cwbl, *canwr* gwerin oedd y dyn yma, a mynd ar ôl cerddoriaeth werin *offerynnol* oedd fy niddordeb pennaf i, y delyn, ac alawon dawnsio, tebyg i'r hyn a welwn yn y traddodiadau Celtaidd eraill. Serch hynny, dyna sut y dechreuais ddod i wybod am Merêd, a dechrau gwybod am ei gyfraniad aruthrol i'r maes.

Wrth ymuno â staff ein Llyfrgell Genedlaethol yn 1979, dechreuais ganolbwyntio mwy ar ein traddodiad Cymreig ni'n hunain. Fel aelod o staff yno, mi gawn i'r cyfle mwyaf ardderchog i chwilota ac ymchwilio, a chefais hyd i gymaint o berlau cerddorol o'n gorffennol. Gwyddwn yn barod am hen gyhoeddiadau Parri Ddall, 'Bardd y Brenin', 'Bardd Alaw' a Nicholas Bennett, ond Daniel Huws (aelod blaenllaw o staff yr Adran Llawysgrifau) a'm cyfeiriodd at gasgliad pwysig llawysgrifau 'Llewelyn Alaw'. Ac am drysorfa! Mor gyffrous oedd dod o hyd i alawon fel 'Pibddawns Merthyr', 'Pibddawns Glyn Nedd', 'Walts Dinefwr', 'Quadrilles Pontypridd' a channoedd o alawon tebyg, yn union yr hyn roeddwn yn chwilio amdano. Waw!

Fel rhan o'r gwaith yn yr Adran Llawysgrifau, byddwn yn cynorthwyo'r darllenwyr wrth y ddesg dderbyn, a dyna pryd y cyfarfyddais â Merêd gyntaf, a Phyllis hithau, pan ddaethant i ymweld â'r Adran. Nid bod gennyf ddiddordeb *manwl* yn eu hunion ymchwil ar y pryd; *canu* oedd eu maes nhw, ac nid *offerynnol* – ac wrth edrych yn ôl, mae'n siŵr bod lefel academaidd eu gwaith y tu hwnt i mi ar y pryd hefyd! Ond cerddoriaeth werin oedd ein diddordeb yr un fath â'n gilydd, a chan gofio'r parch tuag atynt a glywn gan bawb o'm cwmpas, doeddwn i ddim am golli cyfle i rannu fy mrwdfrydedd efo nhw, a gobeithio cael rhyw sêl bendith ar fy ngwaith ganddynt, mae'n debyg.

Es i at Merêd a sôn fy mod i'n dysgu chwarae'r deires, a 'mod i'n mynd ar ôl hen *repertoire* offerynnol 'coll' yng nghasgliad Llewelyn Alaw. Wel, fydd unrhyw un oedd yn nabod Merêd ddim yn gorfod ceisio dyfalu beth ddigwyddodd wedyn.

'E-e-ew! Da iawn, 'ngwashi!' oedd ei ymateb yn syth. 'Hogyn ifanc fel ti yn ymchwilio i'n canu traddodiadol. A'r hen deires annwyl! Ew!' (Nid 'chi', sylwch.) 'Wel wir. Da iawn! Ia!' (Ac yna eiliad i dynnu gwynt...) 'Mae eisiau i ti edrych ar bapurau Mari Richards Darowen hefyd, yma yng nghasgliad Cwrtmawr, a phapurau J. Lloyd Williams yntau. A llyfr yr hen Maria Jane, Aberpergwm, cofia. Gofyn eto os wyt ti eisiau help. Ia. Da iawn, wir!'

Waw! Nid jest rhyw ddiddordeb bach cwrtais, ond brwdfrydedd twymgalon, diffuant. Ac nid hynny'n unig ychwaith, ond cefnogaeth ymarferol ganddo, yn syth o'i ben. Yn fy niniweidrwydd ifanc, dibrofiad, doeddwn i ddim yn llawn sylweddoli mai dim ond cipolwg bychan iawn o stôr wybodaeth y gŵr yma oedd y cyfeiriadau sydyn hyn i fy rhoi ar ben ffordd. Ond dyna gychwyn nabod ein gilydd. Hawdd a naturiol oedd dod i nabod Merêd yn well wedyn. Fel mae rhai wedi dweud amdano, byddai'n siarad â chi yn syth fel hen ffrind. Roedd o fel hen ewythr, neu hen ffrind teulu, neu efallai i mi yn fwyaf arbennig, roedd o fel hen hoff athro o'r ysgol erstalwm, wastad efo amser i mi, ac yn fy nhrin yn ddiffuant a normal, a bob amser yn fodlon rhoi ateb, hyd yn oed os nad oeddwn yn leicio'r hyn a glywn!

Ac o ddod i'w nabod yn well dros y blynyddoedd, fedrwn i ddim ond rhyfeddu wrth ddeall cymaint o ddyn disglair, athrylithgar oedd o. Pan fyddai'n rhannu darnau o'i wybodaeth a thrafod rhyw bytiau am ryw alaw neu gân o bryd i'w gilydd, byddai fel ffenestr fach yn agor i ddangos ehangder ei wybodaeth a thrylwyredd ei weledigaeth. O'i weld yn aml yn y Llyfrgell, byddai'n taflu rhyw friwsionyn i mi:

'Sudŵti, brawd? Sut mae'r hen Lewelyn Alaw yn dŵad?... Wyt ti wedi edrych yn llawysgrif William Peate, Trefeglwys eto? Mae ei rhif hi gan Phyllis rhwla. Gofynna iddi hi.'

Byddwn hefyd yn cael ei glywed o (a Phyllis) yn traethu papurau yng nghynadleddau'r Gymdeithas Alawon Gwerin. Byddwn yn dotio ato'n cyflwyno ei raglen o ganeuon, ac yntau nid jest yn canu'r enghreifftiau, ond yn sôn am eu cefndir – o ble a chan bwy y cafwyd y gân, pwy a'i cofnododd hyd yn oed, beth oedd ergyd y gân, ac a oedd hi'n perthyn i ryw ddefod neu'i gilydd, pa gyfnod y perthynai iddi a hanes ei datblygiad wedyn, a pha deulu o ganeuon roedd hi'n perthyn iddo yma yng Nghymru ac yn niwylliannau eraill y byd. Byddai'n gwybod hefyd pa nodweddion cerddorol fyddai'n marcio alaw yn Gymreigaidd yn arbennig. A byddai bob amser yn deall geiriau cân yn iawn, waeth pa mor dafodieithol, hynafol, arbenigol neu ddyrys oeddent. Mae'n wir dweud amdano, dwi'n meddwl, y byddai'n mynd ar ôl pob gronyn posibl o wybodaeth am bob gair, pob llinell a phob nodyn mewn cân, er mwyn rhoi lliw, cymeriad, ystyr a dyfnder i'w chefndir, ac felly'n cyfoethogi'r profiad o'i chanu a'i chlywed. Gwych oedd cael synhwyro ei frwdfrydedd a'i ddiléit ar yr adegau hynny.

Fuasai fawr o ganu gwerin yn digwydd yng Nghymru heddiw oni bai am waith ymchwil y casglwyr a'r academwyr yn y maes, ac mae'n biti garw nad yw ymchwil academaidd yn cael ei gwerthfawrogi gan nifer yn y sin werin gyfoes. Teimla rhai nad yw'n addas, gan ei bod yn 'sych', ac yn lladd ysbryd y gerddoriaeth. Ond fedr neb byth ddweud hynny am waith Merêd. Trodd ef ei ymchwil ei hun yn waith ymarferol i gynhyrchu a chyhoeddi deunydd i lenwi bylchau yn y maes. Caneuon i'w canu yw ein caneuon gwerin, fel yr esboniodd o ei hun yn rhagymadrodd *Canu'r Cymry II* (Cymdeithas Alawon Gwerin Cymru, 1987):

> Cyfrol i gantorion yw hon, yn bennaf: nid cantorion eisteddfod, neu gyngerdd, neu raglen radio/deledu, neu record, yn benodol felly, ond cantorion sydd am ganu'r caneuon pryd bynnag y daw cyfle ac awydd i'w canu. Gallai hynny fod mewn eisteddfod, cyngerdd, neu stiwdio, bid siŵr, ond gallai fod hefyd ar aelwyd, mewn tafarn, ar fws, yn yr ysgol, a llu o fannau tebyg.

Wrth i mi weithio ar y gyfrol deyrnged i Merêd a Phyllis, *Ffylantin-tw!* (Cyhoeddiadau Sain, 2012) y des i i lawn sylweddoli faint oedd cyfraniad Merêd, a deall yn iawn gymaint o gawr oedd o.

O bori trwy gyfrolau mawr eu gwaith nhw i ddethol enghreifftiau i'w cyhoeddi a'u recordio, *Hela'r Hen Ganeuon* gan Merêd (Y Lolfa, 2009) a *Welsh Traditional Music* gan Phyllis (Gwasg Prifysgol Cymru/Cymdeithas Alawon Gwerin Cymru, 2011), rhyfeddol oedd darganfod y fath amrywiaeth eang o ganeuon yn ein traddodiad, oedd yn adlewyrchu cymaint o wahanol agweddau o'n bywyd a'n diwylliant dros y canrifoedd. Fel hyn y disgrifiais nhw yn rhagymadrodd y gyfrol:

> ... yr academaidd (dyrys, efallai, i'r aesthetig gyfoes) a'r telynegol, y llenyddol a'r llafar, y moesol a'r anllad, yr athronyddol a'r

gwleidyddol, y digrif a'r difrifol, y tymhorol a'r defodol, caneuon hamdden a chaneuon gwaith, yr unawd a'r cymdeithasol, y gwrywaidd a'r benywaidd, a'r rhain i gyd ar ffurf cân, baled, carol, gwasael, neu gerdd dant, o bob cwr o Gymru bron, a thu hwnt. Mae'r perlau hyn fel erthyglau gwahanol mewn gwyddoniadur o fynegiant emosiynol ac athronyddol y Cymry, ac maent fel darnau o ryw jig-sô godidog sy'n dod at ei gilydd i lunio'r llun mwyaf amryddawn a lliwgar o'n hathrylith greadigol fel cenedl. O'u gweld a'u trafod, mae dyn yn wir yn dod i werthfawrogi gwaith, gwybodaeth a gweledigaeth Merêd a Phyllis yn well, ac yn amgyffred cyd-destun y traddodiad yn llawnach. Peidied neb byth â dweud felly, "nad oes gennym ni yng Nghymru..."

Amhosibl, wir, yw cywasgu Merêd i gornel fach 'ymchwilydd' yn unig. A dyfynnu Nansi Richards, 'Telynores Maldwyn', 'Mae o yn y gwaed.' Fel hithau, roedd gan Merêd sail gadarn iawn cyn cychwyn, a'r traddodiad yn fyw iawn iddo fo ac ynddo fo. Ond ar ben hynny roedd gan Merêd y gallu a'r meddwl bywiog, deallus i ddod â'r cwbl ynghyd – y caneuon a ddysgodd yn ei ieuenctid, y rhai a gasglodd ei hun gan gantorion eraill, a'r deunydd wedyn a gafodd mewn ffynonellau ysgrifenedig. Roedd yr holl ddadansoddi a disgrifio academaidd yn arf ganddo i ddeall dilyniant ein traddodiad yn well, ac i fedru dehongli ein caneuon yn gywir. Fe gawsom ganddo ddatguddio cyflawnder ein traddodiad, a thaflodd oleuni ar werth cynhenid ein canu gwerin y tu fewn i gyd-destun datblygiad ein *psyche* creadigol cenedlacthol ar hyd ein hanes.

Ac fel 'cyfrwng' i'r traddodiad (os caf ei ddisgrifio felly), roedd y cwbl yn ganghennau ar yr un goeden iddo: casglu a darganfod caneuon, eu hymchwilio nhw i'r eithaf a'u deall nhw, eu dehongli nhw a'u canu nhw, a'u cyflwyno nhw a'u cyhoeddi nhw i eraill gael eu canu. Credai'n wastad fod gwybodaeth i'w rhannu ag eraill, a byddai bob amser yn frwd o gefnogol o gantorion ifainc, ac yn eu hannog i ymchwilio deunydd newydd – ac wrth gwrs, o'i stôr fawr o wybodaeth, gallai eu cyfeirio nhw i le caent hyd i drysorau pellach.

145

Ein ffynhonnell a'n hysbrydoliaeth oedd o, a meistr annwyl, heb ei ail ar y gwaith. Ein gwaith ni rŵan ar ei ôl yw sicrhau bod coeden Merêd yn tyfu ac yn blodeuo, i eraill gael deall a rhannu ei weledigaeth ef o werth a hyfrydwch ein caneuon gwerin, fel na fydd y gwreiddyn hwnnw, sydd ym mhob un ohonom, fyth farw.

Y Perfformiwr

Bethan Bryn

Mae yna rai pobl, fel Merêd, sydd wedi cael eu bendithio efo cof eithriadol o dda. Yn anffodus, dydw i ddim yn un o'r bobl hynny. Y tro cyntaf i mi gyfarfod Merêd a Phyllis oedd ar faes yr Eisteddfod Genedlaethol – pryd a lle, dwi ddim yn cofio. Roeddwn yno efo fy rhieni ac wedi cael llond bol ar Mam a Dad yn siarad yn ddiddiwedd efo hwn a'r llall. Ond gwnaeth Phyllis a Merêd argraff fawr arnaf oherwydd iddynt fod yn byw yn America a'u bod, felly, yn ymddangos yn bobl egsotig iawn. Credaf mai'r tro cyntaf i mi glywed Merêd yn canu'n fyw oedd mewn noson lawen anffurfiol yng Nghaerdydd ddechrau'r 60au ar ôl rhyw raglen deledu, ond, wrth gwrs, fedra i ddim cofio beth ganodd o. Dim ond ar ôl i Merêd a Phyllis symud i fyw – yn achlysurol i ddechrau – i Gwmystwyth yng nghanol y 70au, ac i ninnau symud i fyw i Aberystwyth tua'r un pryd, y daethom yn ffrindiau ac y cefais y cyfle i wir fwynhau a gwerthfawrogi eu cwmni a'u doniau. Yn 1980 cefais y fraint o ganu'r delyn ym mhriodas Eluned yn y capel yng Nghwmystwyth a ddaeth mor agos at galon Merêd yn ddiweddarach. Efallai mai dyma pryd y dechreuodd y cydweithio a'r cymdeithasu. A thros y blynyddoedd cefais y fraint o wrando ar y ddau a chyfeilio iddynt nifer fawr o weithiau.

Yn ystod y blynyddoedd diwethaf mae yna lawer o drafod wedi bod, yn arbennig ym maes cystadlu, ynglŷn â'r arddull briodol ar gyfer canu cân werin. Mae'n siŵr y byddai'r mwyafrif yn cytuno ar rai elfennau sylfaenol fel naturioldeb, didwylledd, cadw traw, geirio clir a dealltwriaeth o ystyr a chymeriad y gân.

Wrth gwrs, mae yna elfennau eraill sydd yn cyfrannu tuag at berfformiad cofiadwy, megis ansawdd llais, cymeriad, y gallu i gyfathrebu â chynulleidfa a'r pinsiad o halen ychwanegol hwnnw na ellir ei ddadansoddi.

Roedd Merêd yn ymgorfforiad o'r holl elfennau uchod. Doedd dim gwahaniaeth pa amser o'r dydd na'r nos y byddai'n perfformio, roedd pob nodyn yn cael ei daro reit yn y canol, a phob un gair yn ddealladwy. Roedd o hefyd yn gallu lleoli'r sain yn berffaith ar gyfer ei lais ei hun, heb ddibynnu ar fforc diwnio na nodyn ar y delyn neu'r piano nac unrhyw offeryn arall. Chlywais i erioed mohono'n ymgyrraedd am nodau'r cwmpawd uchaf nac yn colli'r sain ar y cwmpawd isaf. Byddai'r cyfan yn gorffwys yn gyfforddus a diymdrech.

Mae o y tu hwnt i'm dychymyg i i feddwl am Merêd yn mynd ati i ddysgu cân werin; roeddent fel petaent yn rhan annatod o'i gynhysgaeth. Gwyddom, wrth gwrs, am ddylanwad ei fam a'r fagwraeth yn Nhanygrisiau, ac fel y cafodd ei gyflwyno i lawer o ganeuon gwerin yn y cyfnod cynnar yma mewn ardal oedd yn gyforiog o ddiwylliant Cymreig. Ac yna'r cyfnod ym Mangor, dylanwad Enid Parry a'r *Noson Lawen* a ffurfio Triawd y Coleg. Ond credaf fod y rhan helaeth o'r stôr o ganeuon gwerin oedd ganddo ar ei gof yn deillio o'r holl ymchwil a wnaeth gyda Phyllis ar hyd eu hoes. Dywedodd wrthyf unwaith fod y bartneriaeth yn un berffaith oherwydd ei fod o wedi dysgu Cymraeg i Phyllis a hithau wedi ei ddysgu o sut i ddarllen cerddoriaeth. Golyga hyn, wrth gwrs, mai o'r glust y dysgodd y rhan fwyaf o'r caneuon ac nid o lyfr. Efallai fod hyn yn egluro naturioldeb ei berfformiad. Ni fyddai byth yn canu cân yn union yr un fath ddwywaith; byddai amrywiaeth mewn pwyslais, rhythm neu amseriad, a hyn yn ychwanegu at fwyniant a dealltwriaeth o'r newydd o'r gân i'r gwrandawr. Roedd y stôr yn saff yn ei gof hyd ei farw yn 95 oed. Un ffaith anhygoel arall ydi ei fod yn cofio'r holl benillion a'r geiriau i gyd, nid fel y rhan fwyaf ohonom yn cofio'r pennill cyntaf a rhyw bytiau eraill yma a thraw. Profodd hyn gydag arddeliad, droeon, drwy fynnu canu pob un wan jac o benillion 'Cân y Cwcwallt'.

Oherwydd ei ymdeimlad greddfol a'i wybodaeth gynhwysfawr o gefndir y deunydd, byddai'n medru sefydlu amseriad cyfforddus bob amser i'r caneuon, boed y rheini yn rhai ysgafn chwareus, yn ganeuon gwaith rhythmig neu'n rhai mwy teimladwy fel hwiangerddi neu ganeuon cariad coll. Oherwydd ei eirio clir, doedd y caneuon ysgafn byth yn mynd allan o reolaeth. Llwyddai i gadw curiad cryf i'r caneuon gwaith heb i'r rhythm fynd yn fwrn a cholli'r dehongliad. Ac yn y caneuon mwy teimladwy, cadwai lif y gân i redeg yn esmwyth heb i'r amseriad fynd yn rhy araf, ond ar yr un pryd greu digon o amser i greu'r naws briodol ac i bwyso'n deimladwy ar ambell air a chymal. Mae'r ddawn i sefydlu amser priodol yr un mor bwysig os nad yn bwysicach mewn caneuon cwestiwn ac ateb, megis 'Ble Rwyt Ti'n Myned Fy Ngeneth Ffein I'. Byddai Merêd a Phyllis yn llwyddo bob tro i greu'r hiwmor heb golli dim ar rediad yr alaw

Mae yna gred gyffredinol nad ydi ansawdd llais yn bwysig mewn canu gwerin a cherdd dant. Lol botes ydi hyn. Wrth gwrs nad dyma'r elfen bwysicaf mewn datganiad gwerinol, ond mae cael llais deniadol yn gymorth mawr i ddatgeinydd ymhob ffurf ar ganu. Mae yna lond llaw o bobl yng Nghymru sydd yn berchen ar leisiau unigryw ac nid oes raid ond clywed un neu ddau nodyn ac fe wyddoch yn iawn pwy sy'n canu – cantorion fel Dafydd Iwan, Linda Griffiths, Aled Lloyd Davies, Tecwyn Ifan i enwi ond ychydig. Roedd Merêd yn perthyn i'r criw dethol yma. Roedd yna ryw dinc yn ei lais oedd yn gwneud i chi feddwl am gath yn canu grwndi, gyda chynhesrwydd ac anwyldeb melfedaidd ond ar yr un pryd ysgafnder a thinc chwareus.

Carisma. Dyna'r unig air fedraf i feddwl amdano i ddisgrifio presenoldeb Merêd ar y llwyfan, boed o'n canu, yn darlithio, yn annerch neu'n sgwrsio. Roedd perfformio yn rhan annatod o'i bersonoliaeth. Roedd y cymeriad cryf yn ei amlygu ei hun yn ddigyfaddawd. Gallai gyfathrebu'n naturiol a diffuant gydag unrhyw fath o gynulleidfa, boed mewn festri capel, noson anffurfiol yng nghwmni pobl y pethe, ar radio neu deledu, neu o flaen cynulleidfa enfawr mewn neuadd gyngerdd. Gallai swyno pobl nad oeddent yn deall yr un gair o Gymraeg, trwy lwyddo i gyfleu neges ac ystyr y gân gyda'i lais a'i ddidwylledd. Pan oedd Merêd yn canu, roeddech yn teimlo mai ia, fel'na mae hi i fod. Roedd hi'n bleser hefyd bob amser i gael Phyllis a Merêd yn y gynulleidfa. Roeddent rywsut, trwy eu presenoldeb a'u gwerthfawrogiad, yn gallu codi perfformiad artistiaid eraill i dir uwch. Byddai eu llygaid yn pefrio a holl ystum eu cyrff a'u hwynebau yn cynnig cefnogaeth.

Credaf mai un o'r troeon olaf i Merêd berfformio'n fyw oedd mewn cynhadledd i lansio gwefan Dafydd ap Gwilym yng Nghanolfan Dylan Thomas ym Mhrifysgol Abertawe yn 2007. Roedd Sally Harper o Brifysgol Bangor yn rhoi sgwrs ar 'Byd Sain Dafydd ap Gwilym' ac wedi gofyn i Merêd a fyddai'n fodlon cyflwyno rhai o'r cerddi ar ffurf cerdd dant tebygol y cyfnod. Roedd yntau wedi gofyn i mi a fyddwn yn fodlon cyfeilio iddo a rhoi cymorth gyda'r gosod. Rhaid oedd defnyddio ceinciau o tua'r un cyfnod a'r unig rai gwybyddus oedd llawysgrif Robert ap Huw (1613). Bu'n rhaid goresgyn sawl problem: doedd neb gant y cant yn siŵr o'r ceinciau am fod llawysgrif Robert ap Huw wedi ei nodi ar ffurf wahanol i'n nodiant ni; acennu'r cerddi; Merêd yn poeni am ei lais ar ôl yr anhwylder ar ei wddf; a minnau'n hollol ddihyder ar delyn fach, ac yn teimlo'n nerfus iawn oherwydd fod Merêd wedi perfformio gyda Maria Korchinska (un o'm harwyr), Elinor Bennett a mawrion eraill ym myd y delyn. Treuliwyd oriau pleserus yng Nghwmystwyth yn pendroni ac yn ymarfer. Roeddem yn cyflwyno tair cerdd efo'n gilydd sef: 'Yr Wylan' ar 'Gosteg Dafydd Athro', 'Englynion i Ifor Hael' ar 'Cwlwm Cytgerdd' ar 'Makmwn Hir', a 'Moliant Ieuan Llwyd ab Ieuan Fwyaf' ar 'Gosteg Ieuan ap y Gof'. Roedd y gerdd olaf, 'Y Gainc', heb gyfeiliant gyda Merêd yn cadw'r curiad efo pastwn yn unig. Gwn fod Merêd yn teimlo'n eithaf pryderus ynglŷn â pherfformio yn 87 oed mewn ffurf hollol newydd a dieithr, ond unwaith y camodd ar y llwyfan diflannodd y nerfau ac, wrth gwrs, fo oedd seren y noson.

Yn 2012 cytunodd Merêd i ganu ar yr albwm *Bethel* gan Gai Toms, un o berfformwyr cyfoes gorau Cymru, enillydd cystadleuaeth Cân i Gymru yn 2012. Meddyliwch am Merêd yn 92 oed yn gallu cyfathrebu'n rhwydd gyda'r to ifanc, a'r rheini yn eu tro yn cael eu cyfareddu gan y cawr o Gwmystwyth.

A oes modd cyfansoddi cân werin o'r newydd? Os oes, mae'n siŵr bod Merêd yn gyfrifol am sawl enghraifft. Mae'r cyfuniad perffaith o eiriau Harri Webb 'Colli Iaith', alaw Merêd a llais Heather Jones yn sicrhau y bydd y gân yma yn bodoli tra bo'r iaith Gymraeg yn fyw. Yn yr un modd mae'r cyfansoddiadau yn ystod cyfnod Triawd y Coleg yn sicr o oroesi, caneuon fel 'Beic Peni-ffardding fy Nhaid' a 'Triawd y Buarth'.

Da o beth ein bod yn byw yn yr oes dechnolegol hon, a bod cofnod gennym o'r perfformiwr unigryw hwn drwy gydol ei yrfa i bob pwrpas, o ddyddiau BBC Bangor ymlaen. Wrth gwrs, mae'n rhaid sôn am yr LP a gynhyrchwyd ar gyfer Folkways, cwmni Moe Asch yn Efrog Newydd, pan oedd yn byw yn yr Unol Daleithiau, *Meredydd Evans, Welsh Folk Songs*, oedd yn cael ei chyfrif ar y pryd yn un o'r recordiau gwerin gorau yn y wlad fawr amrywiol honno. Diolch i gwmni Sain am gynhyrchu cryno-ddisg ddwbl yn 2005, *Merêd*, sy'n cynnwys traciau o'r pedair record flaenorol: *A Concert of Welsh Songs* gan Delysé Records yn 1962; record fer gan Recordiau'r Dryw yn y 60au; *Canu'r Werin* gan Sain yn 1972 a *Merêd* eto gan Sain yn 1986. Mae'r gryno-ddisg ddwbl yn cynnwys hanner cant o draciau sydd yn rhoi enghreifftiau o'i ganu ar wahanol gyfnodau yn ei oes. Mae hi hefyd yn groestoriad o bob math posibl o ganeuon gwerin. Credaf y dylai'r gryno-ddisg yma fod yn holl ysgolion a cholegau Cymru, ac fe ddylid ei chwarae'n gyson i'r disgyblion er mwyn iddynt sylweddoli'r cyfoeth gwerinol sydd gennym, a hefyd eu cyflwyno i wir artist a meistr wrth ei waith.

Bu'n sôn yn gyson wrthyf ei fod eisiau i mi ganu'r delyn yn ei angladd. Pan ddaeth yr alwad gan Eluned fod Merêd wedi marw a'i fod wedi paratoi trefn yr angladd yn drwyadl ar bapur, cefais wybod mai un o'r gofynion oedd i mi ganu'r delyn, gan gynnwys 'Anodd Ymadael' fel eitem yn ystod y gwasanaeth.

Sylweddolais nad oeddwn yn orgyfarwydd â'r gainc ac y byddai'n rhaid ceisio llunio rhyw fath o amrywiadau. Bu'n gyfnod o ymarfer dwys oherwydd fod angen i'r cyfraniad fod o'r safon orau bosibl. Ar ddiwrnod yr angladd teimlwn yn nerfus tu hwnt, ond o weld holl ffrindiau'r teulu yn y gynulleidfa gwyddwn fod ysbryd a chalon Merêd yno yn mwynhau'r cyfan, ac y byddai popeth yn iawn. Diolch iddo am un o anrhydeddau mwyaf fy mywyd ac am gael bod yn rhan o'r prynhawn arbennig hwnnw.

Magic Merêd: Teyrngedau 10 Mewn Bws

Angharad Jenkins gyda Catrin O'Neill, Gwen Mairi Yorke a Huw Evans

Yn ôl yn 2013 bues i'n ffodus iawn i weithio ar brosiect arbennig o'r enw 10 Mewn Bws. Dyma un o'r prosiectau cyntaf i mi ei reoli yn rhinwedd fy swydd gyda'r mudiad trac: Traddodiadau Cerdd Cymru. Yn syml, y syniad oedd dod â deg cerddor ifanc o gefndiroedd gwahanol at ei gilydd i ymchwilio i gerddoriaeth draddodiadol Cymru a'i hailddiffinio mewn ffordd oedd yn berthnasol iddyn nhw.

Cyn mynd at y gwaith creadigol roedd yn rhaid dysgu am draddodiadau cerdd Cymru, ac felly aethom ar *magical mystery tour* o gwmpas y wlad yn ymweld â chasgliadau o hen gerddoriaeth ac yn cwrdd â rhai o ddoethion y sin. Ymysg rheiny roedd Merêd.

Dyma atgofion rhai o aelodau 10 Mewn Bws o'r cyfarfod arbennig hwnnw yn y Llyfrgell Genedlaethol un bore braf ym mis Chwefror 2013.

Catrin O'Neill

Pwy oedd y dyn yma yn ei nawdegau oedd yn dal i sefyll ar ôl darlithio am awr a hanner, efo'i freichiau yn yr awyr, yn llawn egni ac angerdd ac yn dweud wrthym ni, 'Chi ydi'r genhedlaeth

153

sydd i ddŵad, yn de? A dach chi yma i wneud y job, i wneud eich rhan o'r gwaith, i frwydro a gofalu fod ein traddodiadau yn cael eu trin yn anrhydeddus. Mae o i fyny i chi rŵan!'

Wrth gwrs, Merêd oedd o.

Merêd oedd wrthi yn ein hysbrydoli ni ac yn ein hannog ni i weld y trysorau cerddorol oedd yn cael eu cadw yn y Llyfrgell Genedlaethol, y cyfrolau o lyfrau a llawysgrifau oedd yn cael eu diogelu yno, diolch i'r holl waith a wnaeth ef a Phyllis, Roy Saer ac eraill o Gymdeithas Alawon Gwerin Cymru.

Dim ond am gwpwl o flynyddoedd wnes i ei adnabod o, ond sylweddolais yn fuan iawn mai Merêd ei hun oedd y trysor mwyaf. Dyn annwyl, cartrefol, croesawgar, gyda chalon agored. Gŵr bonheddig o'r hen ysgol, yn ddeallus ac yn barod i rannu ac ysbrydoli bob amser.

Roedd ganddo ffordd o wneud i bawb deimlo'n arbennig. Ar ôl i mi roi copi o fy albwm iddo gyda fersiwn o'r gân 'Bugail Aberdyfi' arni, roedd o'n fy ngalw i'n 'Bugeiles Ddawnus Aberdyfi' bob tro roedd o'n anfon e-bost ata i. Digon i doddi calon unrhyw un.

Ddaru ni gwrdd â nifer o gynheiliaid y traddodiad yn ystod wythnos ymchwil 10 Mewn Bws, ond i mi, Merêd oedd yr un wnaeth fy ysbrydoli fwyaf.

Rwy'n difaru'n aml na wnes i wario mwy o amser gyda Merêd, yn pigo ei ymennydd, ond fel'na mae hi. Yn ddiweddar rydw i wedi bod yn canu'r gân 'Marwnad yr Ehedydd', a phob tro dwi'n dod at y pennill olaf mae'r geiriau'n gwneud i mi feddwl am Merêd:

Ac er grisial ac er blodau
Er yr holl dylwyth teg a'u doniau
Ni ddaw cân yr 'hedydd adre.

Gwen Mairi Yorke

Ges innau'r fraint o wrando ar y ddarlith honno yn y Llyfrgell Genedlaethol. O'n i'n teimlo'n freintiedig dros ben i gael cyfarfod â Merêd gan ein bod ni mor gyfarwydd â'i ganeuon a'i lyfrau ac roedd e'n siarad mor angerddol a brwdfrydig. Yn yr awr fach honno, cawsom ein haddysgu, ein hysbrydoli a'n llawenhau ynglŷn â'n diwylliant a'n hiaith.

Rai misoedd wedi'r ddarlith, dyma fi'n ei gyfarfod eto yn yr Eisteddfod Genedlaethol. O'n i ddim yn siŵr os fydde fe'n fy adnabod ond dyma fe'n dweud, 'Wrth gwrs, y ferch o'r Alban!' Fel dwi wedi clywed llawer un yn dweud, roedd Merêd yn cofio pawb a phan o'dd e'n siarad â chi, chi oedd yr unig berson yn yr ystafell.

Gyda'r ystafell yn llawn brwdfrydedd, y diwrnod hwnnw yn y Llyfrgell, gofynnodd Merêd i ni i gyd gario 'mlaen â'r gwaith roedd e a Phyllis wedi ei ddechrau. Rwy'n gwir obeithio y caf innau'r cyfle un diwrnod i gyfrannu ychydig bach tuag at yr hyn a gyflawnwyd gan y ddau yn y byd gwerin. Byddaf yn falch iawn os gallaf ysbrydoli un neu ddau ar y daith. Roedd Merêd wedi ysbrydoli cannoedd. Mae arnom ddyled enfawr iddo.

Huw Evans

Fe wnes i ddarganfod gwaith Meredydd Evans pan oeddwn yn fy nhridegau cynnar. Er i mi astudio canu clasurol yng Ngholeg y Drindod yn Llundain, wnes i ddim llawer gyda chanu gwerin tan i ffrind ofyn i mi ganu mewn cyngerdd diolchgarwch yng Ngogledd America, lle roeddwn i'n byw ar y pryd. Penderfynais berfformio caneuon gwerin adnabyddus fel 'Myfanwy' a 'Mil Harddach Wyt'. Ges i gymaint o hwyl arni nes i mi benderfynu ymchwilio mwy i gerddoriaeth werin Gymraeg. Trwy chwilio'r we, des i o hyd i *Hela'r Hen Ganeuon* yn ogystal â rhai o CDs Merêd.

Pan glywais ei lais am y tro cyntaf, cefais fy swyno'n lân. Roedd y llais yn swnio'n eithaf clasurol, ond mewn ffordd ddiymdrech, naturiol. Fersiwn Merêd o 'Y Ferch o Blwy Penderyn' ydi fy hoff ddarn o gerddoriaeth yn y byd.

Mae gen i gywilydd dweud, er bod Merêd yn ddylanwad

mawr arna i, doeddwn i erioed wedi meddwl y byddwn i'n cwrdd ag ef, yn bennaf oherwydd nad oeddwn i'n sylweddoli ei fod o'n dal yn fyw! Roeddwn i bron â llewygu pan ffeindiais i mas ein bod yn mynd i gwrdd ag ef yn y Llyfrgell Genedlaethol. Pan gerddodd e i mewn i'r ystafell, roedd e fel gweld ysbryd. Roeddwn i'n poeni y byddai'r ddarlith yn ddiflas, ond na, roedd angerdd ac optimistiaeth Merêd dros ddyfodol cerddoriaeth Cymru yn heintus. Dysgais gymaint ac fe ysbrydolodd fi i ddarllen cymaint mwy o hanes cerddoriaeth werin Cymru.

Ar ddiwedd ein cyfarfod cyntaf yn y Llyfrgell Genedlaethol, gofynnodd Merêd am fy nghyfeiriad a fy rhif ffôn. Gwnaeth i mi addo, os oedd gen i unrhyw ymholiadau, y byddwn yn ysgrifennu ato. Gyda hyn, dywedais ffarwél, a dywedodd, 'Cofiwch alw yng Nghwmystwyth os chi'n pasio.'

Un prynhawn yn yr hydref, es i a fy ffrind a chyd-aelod o'r band, Catrin O'Neill, i ymweld â Merêd. Allwn i ddim cysgu am wythnos, o'n i mor gyffrous a nerfus o gael cwrdd ag e. Ond wrth i ni agosáu at dŷ Merêd yng Nghwmystwyth diflannodd fy nerfau. Daeth Merêd a Phyllis i'n cyfarch gyda phot o goffi cnau cyll – rwy'n gaeth i'r stwff nawr!

Roedden ni yn Afallon am bump awr, a'r sgwrs yn symud o gerddoriaeth i hunaniaeth genedlaethol ac athroniaeth. Wrth i ni adael, rhoddodd Merêd gwpwl o hen lyfrau i mi. Awgrymodd y dylwn ganu cân o un o'r llyfrau, 'Cân Wil y Tloty', sydd bellach yn un o fy hoff ganeuon i'w perfformio. Heb amheuaeth, hwn oedd prynhawn gorau fy mywyd.

Mae angerdd Merêd dros fywyd a cherddoriaeth werin Cymru wedi cael effaith ar fy mywyd am byth. Ar daith ddiweddar i Ganada, roedd yr hyder gen i i gerdded mas ar y llwyfan a pherfformio rhaglen lawn o gerddoriaeth werin Gymreig. Wrth i mi ganu un o'r caneuon yn ddigyfeiliant, meddyliais tybed beth fyddai barn Merêd petai o yno. A fyddai wedi mwynhau? Dwi'n gobeithio.

Angharad Jenkins

Yn anffodus, doedd Merêd ddim wedi gallu dod i weld perfformiad byw 10 Mewn Bws, ond ges i lythyr ganddo fis yn ddiweddarach yn canmol y CD ac yn dyfynnu geiriau Angharad Tomos, a aeth i weld y perfformiad yn Galeri, Caernarfon:

> Un wael ydw i am drio pethau newydd, ond mi fentrais y tro hwn. Roedd Zonia Bowen tu ôl i mi, ac eglurodd ei bod yn nain i Gwilym Bandana. Prynais CD, a chlywed eich llais chi, Merêd – ar gychwyn y CD. Yna roedd Gwilym wedi creu penillion newydd. Wyddoch chi beth, ar ddiwedd y noson, ro'n i'n teimlo 'mod i wedi f'adnewyddu! Roedd cymaint o dalent yn eu mysg, a theimlais fod hyn yn gyfraniad pwysig i ganu gwerin. Deuent o bob cwr o Gymru hefyd. Roedd rhywbeth trist yn stori y ferch o Epynt, yn dweud nad oedd llawer o bobl ar ôl yn ei hardal hi, gan eu bod wedi cael eu symud o'u tir gan y Weinyddiaeth Ryfel. Da iawn yn wir. Ers hynny, rydw i wedi bod yn chwarae'r ddisg, ac yn mwynhau canu hefo'r cerddorion. Dyna sut y dysgais i'r caneuon. Yn aml yn fy mhlentyndod, byddai Dad yn rhoi y record *Merêd* ar y peiriant recordio. Roedd un gân yn fy nharo yn od, gyda'r brawddegau yn Gymraeg a Saesneg bob yn ail. Llais Phyllis oedd yn cydganu â chi ar honno te? Ar drac 8 ar y disg 10 Mewn Bws mae llif yn cael ei chwarae, ac mae'n sŵn hudolus.

Dyw'r llythyr yna ddim wedi gadael fy nesg ers i mi ei dderbyn. Er bod Merêd wedi ein gadael ni nawr, dwi'n teimlo ei bresenoldeb bob tro dwi'n gwneud rhywbeth gyda chanu gwerin, boed yn brosiect neu'n drefniant cerddorol. Beth fydde Merêd yn feddwl o hyn neu'r llall? A fydde fe'n falch, ac yn fodlon, neu'n grac ac yn siomedig?

Nid oedd Merêd wastad yn hapus gyda phopeth o'n i'n gweithio arno, er enghraifft yn 2014 pan oeddwn i'n cynllunio ar gyfer y Tŷ Gwerin, cartref canu gwerin yr Eisteddfod. Roedd y Tŷ Gwerin wedi bod yn mynd o nerth i nerth ers ei sefydlu yn Eisteddfod Meifod yn 2003, ond roedd yn hen bryd iddo ddatblygu o'r stondinau gwyn salw. Trwy gydweithio â Sioned Edwards o'r Eisteddfod Genedlaethol daeth y syniad i gynnal holl weithgareddau gwerin yr Eisteddfod mewn iwrt, pabell gron draddodiadol o Mongolia. Roedd y Gymdeithas yn gwrthwynebu am sawl rheswm a daeth y mater i fwcl mewn cyfarfod pwyllgor yn Aberystwyth ar 12 Ebrill 2014. Er nad oedd Merêd yn y cyfarfod hwnnw, clywais am ei wrthwynebiad chwyrn i'r datblygiad, ac fe ges i fy siomi.

Y flwyddyn honno, doedd y Gymdeithas ddim yn bresennol yn yr Eisteddfod, ond fe drodd y Tŷ Gwerin mas i fod yn un o uchafbwyntiau Eisteddfod Sir Gâr 2014. Dyna'r cwbwl o'n i'n glywed ar hyd a lled y maes oedd, 'Bydde Merêd wedi bod wrth ei fodd gyda hwn.' O'n i'n gobeithio y bydde Merêd wedi gallu dod y flwyddyn wedyn i weld y Tŷ Gwerin yn Eisteddfod Maldwyn. Wyddwn i ddim ar y pryd, wrth gwrs, y byddwn i'n rhaglennu sesiwn deyrnged iddo fe yno.

Mae canu gwerin yn beth cymhleth, yn tydi? Mae e'n werthfawr ac yn fregus. Mae'n rhan annatod o pwy ydyn ni fel cenedl, ac felly mae'n perthyn i bawb. Ond sut mae gofalu amdano, a'i amddiffyn, heb ei fygu rhag datblygu a blodeuo? Ar adegau, bydd pobl yn cyffroi gyda'r datblygiadau, ond yn aml bydd pobl yn ypsetio. Nid yw'n bosibl plesio pawb. Ond o leia, tra bod pobl yn cael eu cyffroi neu eu corddi, mae'n dangos bod cerddoriaeth yn fyw.

Dim ond cwpwl o weithie 'nes i gwrdd â Merêd, ond gwnaeth argraff fawr arna i. Roedd ganddo'r ddawn i danio brwdfrydedd dros gerddoriaeth werin yn unrhyw un. Roedd e fel gwyddoniadur byw, gyda thrysor o wybodaeth am ganu gwerin yn ei ben, yn barod i'w rannu. At bwy awn ni nawr i holi am yr hen ganeuon?

Dwi'n difaru peidio gofyn mwy iddo pan oedd e'n fyw. Ond dwi mor falch bod ei ferch, Eluned, wedi sôn am yr angen i ddigido casgliadau gwerin Cymru yn ei haraith emosiynol yng Ngwobrau Gwerin BBC Radio 2, 2015. Rhaid i ni ddibynnu llai ar unigolion fel Merêd i ddiogelu'n traddodiad cerddorol a dechrau meddwl yn strategol, ac mae angen chwistrelliad mawr o arian gan Lywodraeth Cymru hefyd. Mae yna ddyletswydd arnom fel cenedl i barhau â gwaith Merêd.

Mae'r geiriau sy'n cloi llythyr Merêd yn canu yn y cof:

Ni allaf feddwl am ragorach ymateb i'r deg ohonoch nag a geir yma gan un o'n llenorion a sylwedyddion cymdeithasol cyfoes mwyaf gwreiddiol. Onid yw'n eich ysbrydoli i gadw ynghyd ac i loywi'r arfau ymhellach? Cofion cynnes at bob copa walltog ohonoch, gyda mawr ddiolch, Merêd.

Gloywi'r arfau, dyna sydd raid i ni ei wneud nawr fel cenedl, i barhau â gwaith Merêd, ac i sicrhau bod traddodiadau cerddoriaeth Cymru yn derbyn y sylw a'r statws maen nhw'n eu haeddu, nid yn unig yng Nghymru, ond ar lwyfan rhyngwladol.

Mae'n anhygoel sut gall un cyfarfod, gydag un dyn, gael cymaint o effaith ar bobl. Ond dyna oedd *magic* Merêd.

Cân i Merêd

Ble'r ei di, ble'r ei di, yr hen dderyn bach?
Nei di ganu dy gân cyn canu'n iach?
O mi deimla'i d'adenydd
di'n ysgafn ar f'ysgwydd
fel alaw gyfarwydd
yr hen dderyn bach.

Pwy a ŵyr o ble daw'r geiriau?
Pwy a ŵyr o ble daw'r nodau mân?
Os gwrandawa i, mi clywa'i hi
ac mi wn mai ti sy pia'r gân,
mi wn mai ti sy pia'r gân.

Ble'r awn ni, ble'r awn ni, yr hen dderyn bach?
Does 'na'm cangen i'n cynnal ni bellach;
hedodd sawl tafod arian
yn bell, bell o'n gwinllan
a honno eich hangan
chi'r hen dderyn bach.

Mi wyddan nhw o ble daw'r geiriau,
mi wyddan nhw o ble daw'r nodau mân,
ac mi dyngais lw yr holwn i nhw,
a bellach sgin i'm cof o'r gân,
bellach sgin i'm cof o'r gân.

Be nawn ni, be nawn ni pan dynnan nhw'r nyth?
Gladdan ni'n penna'n 'yn plu am byth?
Neu godi'n un haid
o'r baw a'r llaid
a chanu'n ddi-baid
yn bur ac yn frith?

Ac mi gofiwn ni o ble daw'r geiriau,
mi gofiwn ni o ble daw'r nodau mân;
mi gadwist ti nhw'n saff i ni,
a bellach ni sy pia'r gân,
ia bellach ni sy pia'r gân.

Gwyneth Glyn

Hogia Tangrish!

Gai Toms

Pan fydd pobl yn gofyn i mi o lle dwi'n dod, byddaf wastad yn ateb – 'Tanygrisiau', neu 'Tangrish', nid 'Blaenau'. Er y dirywiad yn yr ardal o gymharu â fel roedd hi, mae rhywbeth arbennig yn dal i fod am y lle, rhyw dawelwch, y golygfeydd, yr hanes... y bobl.

Cefais fy magu dafliad carreg o Fryn Mair, cartref Merêd, yn 7 Penybryn. Saif rhes Penybryn ar groesffordd Tanygrisiau lle mae'r ffordd yn dod 'o Dolau Las', yn fforchio 'i fyny Dolrhedyn', yn troi 'lawr am Pant' ac yn mynd 'am Ty'n Llwyn'. Er mor dawel yw'r pentref, y groesffordd yw'r ardal brysuraf, yn enwedig yn y bore a'r prynhawn pan mae rhieni'n mynd â'u plant i'r ysgol ac yn ôl. Yma gwelais y byd yn mynd heibio trwy fy mhlentyndod a fy arddegau. Mae hen siop a swyddfa bost ar 'Groesffordd y Post', ond mae wedi cau ers tua pymtheg mlynedd bellach. Dwi'n cofio'r Post yn agored a phobl yn prynu bob math o nwyddau yno, o dda-da i sach o siwgr ac o faco i ddail te. Atgofion melys, ac mae'n bechod mawr ei weld ar gau, nid yn unig achos bod pobl Tanygrisiau yn gorfod mynd i Blaenau i brynu nwyddau syml bellach, ond gan ei fod (tu allan i fywyd yr ysgol a'r capel) yn lle i gymdeithasu. Mae Tafarn y King's Head (y Tap) a Chaffi'r Llyn yn dal i fod yn llefydd cymdeithasu, ond maen nhw wedi eu lleoli ar gyrion y pentref, un bob pen, ac felly ddim yn cyfrannu'n uniongyrchol at fwrlwm y pentref rywsut. Nid bod hynny'n beth drwg, gan eu bod yn llefydd arbennig ynddyn nhw'u hunain, ac mae'n rhaid ymfalchïo ynddynt. Roedd dau gapel enfawr yn dominyddu'r groesffordd erstalwm, Bethel (MC) a Carmel (A). Carmel yw'r unig gapel sy'n dal i sefyll bellach, gyda chriw bach gweithgar yn mynychu. Ar y llaw arall, dim ond fi sy'n mynychu Bethel, nid yn yr ystyr Gristnogol, ond yn yr ystyr gerddorol. Yn 2010 daeth hen festri capel Bethel ar werth, a buddsoddais ynddi ar unwaith gyda'r weledigaeth o'i throi'n stiwdio recordio a neuadd amlddefnydd i'r gymuned. Roedd y buddsoddiad hwn yn achos i mi ailgyfarfod â hen ffrind – Merêd!

Roedd Merêd wyth mlynedd yn hŷn na fy nhad, Robert Meurig Thomas neu 'Mim Twm' fel y'i gelwir o'n lleol, ac felly roeddan nhw'n nabod ei gilydd ers eu bod yn blant yn y 30au cynnar. Wrth gwrs, fe wnaeth y ddau ddilyn llwybrau hollol wahanol i'w gilydd, un i fyd academaidd a'r llall i fyd dosbarth gweithiol. Er hyn, roedd Merêd wastad yn cadw mewn cysylltiad â 'Tangrish'. Fel plentyn yn yr 80au, wyddwn i ddim pam roedd Merêd yn dod 'nôl i'r ardal, na chwaith o lle roedd o'n dod. Un peth oedd yn amlwg iawn i mi: roedd Merêd yn dod yn wreiddiol o Danygrisiau, ac roedd o'n ôl! Roedd ei bresenoldeb bron fel y capeli oedd yn dominyddu'r groesffordd – roeddech chi'n gwybod ei fod o yno.

Heblaw am ei ymddangosiadau ar y teledu, trwy ffenest cegin 7 Penybryn welais i Merêd am y tro cyntaf. Roedd o'n cerdded i fyny Allt Post tuag at gapel Carmel yn gwisgo siwt lwyd golau, fel lliw arian... yr un lliw â'i wallt. Cofiwch, i roi hyn mewn cyd-destun, roedd Merêd yn ei chwedegau pan o'n i'n blentyn yn yr 80au. Roedd o'n cerdded gyda chriw o bobl eraill, i gyd mewn siwtiau a dillad crand; dwi'n cymryd mai gwasanaeth o ryw fath oedd yn y capel, nid cnebrwng, rhyw ddathliad. Dwi'n cofio Mam yn dweud, 'Merêd 'di hwnna, dyn mawr.'

Roedd Merêd yn ymweld â Thanygrisiau yn eithaf cyson o be dwi'n gofio, er, diolch i eiriau Mam, roedd o'n rhyw fath o 'enigma' i mi. Roedd Merêd wastad yn gyfeillgar wrth holi am hwn a'r llall, byth yn nawddoglyd, ac yn edrych i fyw eich llygaid wrth siarad gyda chi. Flynyddoedd yn ddiweddarach, wedi i mi ffurfio'r band roc/*ska* Anweledig gyda fy nghyfoedion yn Ysgol y Moelwyn, dwi'n cofio dod ar draws Merêd unwaith eto ar y groesffordd yn Nhanygrisiau. Roeddwn yn gallu teimlo'r hapusrwydd yn llifo o'i lygaid wrth i mi sôn am y band a'n cynlluniau, nid ei fod yn ymwybodol o'r caneuon, nac yn ffan, ond am ei fod wedi cyffroi'n lân, am wn i, fod criw o bobl ifanc yr ardal wedi mynd ati i ffurfio band a chreu cerddoriaeth wreiddiol yn y Gymraeg. Roedd hyn yn hwb i fy hyder o wybod bod y 'dyn mawr' yn hapus efo'n prosiect roc a rôl newydd ni. Roedd y foment hon fel arwydd ein bod ar y trywydd iawn.

Wedi cwblhau cwrs BTEC Celfyddydau Perfformio yng Ngholeg Meirion Dwyfor, Dolgellau gyda thiwtoriaid arbennig fel Mair Tomos Ifans, Mair Gruffydd, Siri Widgel, Catrin Wiliams a Chris Dixon, a agorodd sawl drws yn fy nychymyg (yn enwedig o safbwynt diwylliant Cymraeg), roedd hi'n amser mynd i'r Brifysgol. Cefais fy nerbyn i Brifysgol Aberystwyth i astudio Drama. Yn ogystal â gwaith 'ymchwil' mewn ambell dafarn, roeddwn hefyd yn defnyddio'r Llyfrgell Genedlaethol i wneud ymchwil. Un diwrnod, cymerais hoe o bori'r archifau a mynd am baned i gaffi'r Llyfrgell, a pwy oedd yno'n eistedd fel hen Jedi ond 'y dyn mawr' ei hun, Merêd. Cefais groeso a hanner, prynodd ginio a phaned i mi, ac yno fuon ni'n trafod y byd a'i bethau. Yn wir, rhaid dweud mai yma ddois i i nabod Merêd yn well, a sylweddoli a gwerthfawrogi cymaint roedd o wedi ei gyflawni yn ystod ei fywyd. Dechreuodd y geiriau 'dyn mawr' wneud synnwyr.

Wedi i mi raddio yn 2000, symudais yn ôl i'r Gogledd a cheisio gwneud bywoliaeth o fy ngherddoriaeth. Roedd Merêd wastad yn gefnogol ac i weld yn edmygu'r ffaith 'mod i'n gerddor ac yn gyfansoddwr oedd yn byw yn y Fro. Wrth ddod i adnabod y diwydiant yn well, roedd enw Merêd yn ymddangos ymhobman. O'r silff llyfrau Cymraeg i archif y Smithsonian yn Washington DC. Nid yn unig roedd o wedi chwarae rhan allweddol yn hanes canu poblogaidd Cymraeg gyda Triawd y Coleg, ond roedd o hefyd wedi bod yn gyfrifol am siapio ein diwylliant modern trwy gynhyrchu rhaglenni adloniant i'r BBC cyn dyddiau S4C. Mae modd dadlau na fyddai ffasiwn beth ag

Ochr 1, *Stiwdio Gefn*, *i-Dot* na *Fideo 9* heb raglenni fel *Hob y Deri Dando* a *Disc a Dawn*. Fersiwn Cymraeg o *Top of the Pops* oedd *Disc a Dawn*, wrth gwrs, ond teg yw dweud bod Merêd wedi chwarae rhan allweddol yn yr athroniaeth fod angen yr un math o raglenni i Gymry ifanc y cyfnod. Yr un athroniaeth sy'n fyw heddiw ymysg unigolion, cymdeithasau a sefydliadau sy'n wynebu stormydd y diwylliant Eingl-Americanaidd, a hynny mewn oes ddigidol ôl-fodernaidd â thoriadau anfoesol.

Rhwng 2008 a 2013 wynebodd y diwydiant canu Cymraeg doriadau hunllefus wrth i'r PRS (Performing Rights Society) yn Llundain newid y system freindaliadau. Roedd hyn yn golygu colled o tua 80 y cant ym mrcindaliadau cerddorion a labeli Cymraeg. Braf oedd gweld presenoldeb Merêd yn un o gyfarfodydd y Gynghrair (cymdeithas a fu'n brwydro yn erbyn y toriadau) yn cefnogi'r achos gant y cant. Yn sgil yr holl doriadau roedd yn rhaid i mi arallgyfeirio, ac mi wnes i hynny trwy fuddsoddi yn hen festri capel Bethel, Tanygrisiau, a'i throi'n bencadlys Cerddoriaeth SBENSH, sef stiwdio, label a gofod ymarfer. Roedd Merêd wedi cyffroi wrth glywed y newyddion yma ac fe ddechreuon ni ailafael yn ein perthynas ers dyddiau'r Llyfrgell Genedlaethol, a dod ymlaen yn dda iawn dros y ffôn a thrwy lythyru. Roedd o i weld mor hapus fy mod i'n berchen ar Bethel, gan mai yno fydda fo'n mynd yn blentyn i'r ysgol Sul. Un diwrnod, heb ronyn o rybudd, mi drodd Merêd a Phyllis i fyny yn y festri i weld y datblygiadau. Aeth Merêd o gwmpas y neuadd yn adrodd straeon o bob math gan bwysleisio mai hwn, yn ystod ei blentyndod, oedd canolbwynt bywyd diwylliannol Tanygrisiau, lle cynhelid sioeau, cyngherddau, dramâu ac operâu – yr union ysbryd rwyf innau eisiau ei barhau yma. Ac mae hynny'n fwy na chydddigwyddiad. Dangosais Lyfr Eisteddleoedd y capel iddo sy'n dal yma ers i mi gymryd drosodd, ac sy'n cynnwys enwau'r holl aelodau a faint roeddent yn ei gyfrannu bob wythnos. Yno, o dan y cyfenw 'Evans', roedd enw ei fam – Charlotte. Daeth hapusrwydd a thristwch i'w lygaid pan welodd yr enw. Ar ôl hynny, fe fuodd Merêd yn gefnogol iawn i'r prosiect.

I ddathlu bywyd newydd Bethel, penderfynais ryddhau albwm o'r un enw gyda dwy ran iddi – 'Hen' a 'Newydd'. Roeddwn am i holl gerddorion Tanygrisiau fod arni er mwyn cael gwead neu deimlad o gymuned yn rhedeg trwyddi, fel ysbryd chwareus yr hen ysgol Sul. Gyda phrosiect mor fawr, roedd angen agoriad mawr gyda chanwr enfawr. Roedd yr ateb yn syml: y 'dyn mawr' ei hun. Cytunodd i gymryd rhan ar ei union, ac es ati i gyfansoddi cân yn arbennig ar ei gyfer, sef 'Cân y Dewis'. Mi yrrais demo i Merêd yng Nghwmystwyth. Wedi iddo wrando arni mi ffoniodd yn syth bin i fy llongyfarch. Daeth i fyny ym mis Mai 2012 efo Phyllis a'u merch, Eluned, i recordio. Wedi ambell ymarfer, aethom ati i recordio'r gân yn fyw heb ronyn o mylti-tracio yn agos ati. Ar y diwrnod arbennig hwn roedd Merêd fel hogyn ifanc, yn sionc ac ysgafn droed, a doedd y ffaith ei fod yn 92 oed ddim yn croesi meddwl rhywun. Yn wir, mae perfformiad Merêd ar 'Cân y Dewis' yn wych. I mi, dyna yw genesis yr albwm.

Wythnos cyn iddo farw, fe ffoniodd yn holi am Bethel a sut roedd pethau'n siapio. Wedi sgwrsio a rhoi'r ffôn i lawr, mi drois at fy ngwraig, Sara, a dweud bod cryndod anarferol yn ei lais, cryndod nad oedd yno y tro dwytha i ni siarad. Teimlais rywsut nad galwad ffôn arferol mohoni, fel petai o'n ceisio dweud rhywbeth wrtha i, rhywbeth am sortio Bethel allan unwaith ac am byth. Yna, yr wythnos wedyn, daeth y newyddion am ei farwolaeth.

Yn ddiweddar (Tachwedd 2015), rhoddwyd plac/llechen ar Fryn Mair, Tanygrisiau, yn dathlu ei fywyd ac yn nodi lleoliad ei hen gartref. Roedd hwnnw'n ddiwrnod braf a hapus gyda chriw o blant Ysgol Tanygrisiau yn canu'r clasur 'Beic Peni-ffardding fy Nhaid' gyda Phyllis, Eluned ac aelodau eraill o'i deulu yn y gynulleidfa. Y bore hwnnw, fel roeddwn yn rhoi'r gitâr yn y câs, daeth titw tomos las i mewn i festri Bethel a sefyll ar y silff ffenest yn edrych arna i. Sgwn i ai Merêd oedd o? Ia, i mi beth bynnag, arwydd arall fy mod i ar y trywydd iawn, neu bod angen sortio Bethel unwaith ac am byth.

Efallai fod Tanygrisiau wedi newid yn aruthrol ers ei

blentyndod o, a finnau'n rhan o genhedlaeth hollol wahanol, ond, rywsut, roedd rhywbeth tebyg amdanom. Hogia 'Tangrish'! Ydi wir, mae hyd yn oed enw'r pentref yn cael ei gwtogi'n llysenw, fel hen ffrind. A dyna oedd Merêd, hen ffrind. Dyn mawr a'i egwyddor yn gadarn, ei athroniaeth yn eang a'i draed ar y ddaear.

Diolch, Merêd. Mi sortia i Bethel, naill ffordd neu'r llall!

Cynefin
(Cerdd olaf Merêd)

Yn llanc, ni allwn wadu'm blys i ffoi
O gloffrwym cyndyn ffordd fy mro o fyw,
Llafurio a chrefydda, troi a throi
O gwmpas manion hynt byd bach di-liw;
Dan hud goleuni llachar y tu draw
Euthum i wneud fy ffortiwn yn y byd
A fflach moderniaeth yno ar bob llaw
Yn hybu fy ymdrechion dygn i gyd.
Ond rywsut, rywfodd, roedd hiraethu'n dod
Am sicrwydd camu ar anwadal hynt,
Am fro i'w charu ymhob mynd a dod,
Am ryfedd rin yr hen gynefin gynt;
Ple bynnag af hyd gyrrau'r cread crwn
Af â'm cynefin hefo mi, mi wn.

Merêd
Ionawr 2015

Teyrnged

(Traddodwyd yn angladd Merêd yng Nghapel
Siloam, Cwmystwyth, 26 Chwefror 2015)

Rocet Arwel Jones

Bedwyr, yn drist a distaw,
Wylodd, ac edrychodd draw.

Dwi'n meddwl y bydda i angen hen ffrind i bwyso arno yn
ystod y munudau nesaf yma, a dwi wedi dewis dilyn sgwarnog
gododd Merêd ei hun ar ddiwedd ei raglen deyrnged olaf, wrth
ddyfynnu T. Gwynn Jones. Felly, maddeuwch i mi os bydda i'n
cadw un llygad ar Afallon T. Gwynn Jones ac ar yr un pryd yn
trafod Afallon Meredydd Evans.

Achos lle ydw i'n dechrau? Lle ydw i'n dechrau?

Fe wnes i ystyried dechrau yn y diwedd. Wyddoch chi, dim
ond i mi wybod, yn nyddiau ola'i oes hir roedd y dyn yma
wedi ffonio acw deirgwaith, wedi sgwennu cerdyn yn cynnwys
tri thriban i ddathlu pen blwydd Gethin 'cw yn 9 oed; roedd
o wedi sgwennu at un o sefydliadau Cymru yn trafod un o'i
benderfyniadau; ac wedi cerdded o waelod Cwmystwyth i'r
top.

Egni, egwyddor a diddordeb manwl mewn pobol o bob oed
– roedd ei ddyddiau ola'n ddrych o'i fywyd ar ei hyd.

Y ffordd ystrydebol o ddechrau teyrnged fel hon yw dechrau
yn y dechrau.

'Ganwyd Meredydd Evans yn Llanegryn, Sir Feirionnydd,
ar y 9fed o Ragfyr 1919, a'i fagu yn Nhanygrisiau, yn unfed
plentyn ar ddeg i Charlotte a Richard Evans.'

Ffeithiau: amser, daearyddiaeth a chymdeithas. Dim mwy.

Ond, yn achos Merêd, nid ffeithiau moel yn unig mohonyn nhw. Oherwydd fe osododd y ffeithiau yna eu stamp ar ganrif o ddyn.

Fe'i ganwyd o i deulu arbennig, i fam arbennig, mewn cymdeithas arbennig, mewn cyfnod arbennig.

Yno mae tarddiad pob un o'r llwybrau ddilynodd o: diwylliant, dysg, egwyddor a gwaith caled. Ac er iddo grwydro'r byd, ei led a'i hyd, doedd dim glaswellt ar yr un o'r llwybrau hyn.

Felly, beth am eu crwydro efo'n gilydd am ychydig, gan hiraethu a dathlu a diolch?

Am wn i, doedd diwylliant Tanygrisiau ddim yn wahanol iawn i ddiwylliant llawer o'r Gymru Gymraeg yn chwarter cyntaf yr 20fed ganrif: y gwaith, y capel, yr ysgol Sul a'r Band of Hope.

Aeth Merêd â'r diwylliant hwnnw efo fo i Brifysgol Bangor a dyna ni'r dyn iawn yn y lle iawn ar yr amser iawn am y tro cyntaf, ond nid y tro olaf, yn ei hanes. Nid yn unig y gwnaeth o gyfarfod y criw iawn i greu'r Triawd, ond cyd-daro hefyd â datblygiad technoleg ganiataodd iddyn nhw droedio llwyfan mawr ac anghyfarwydd y cyfryngau newydd am y tro cyntaf.

Ac yn hynny o beth sefydlwyd egwyddor fawr. Cymerodd adloniant poblogaidd oedd yn bod yn Saesneg, ei dreulio'n drwyadl a chreu rhywbeth cyfan gwbl Gymraeg a Chymreig nad oedd modd ei gyfieithu yn ôl i'r Saesneg.

Yr un oedd yr egwyddor yn y BBC: mynnu'r gorau yn Gymraeg. A chael neu fynnu cael o'i gwmpas bob math o athrylith – pobol oedd o ddifri, oedd yn dalentog, oedd yn benderfynol, oedd yn gweithio'n galed ac yn chwarae'n galed, ond a oedd hefyd yn rhydd nid yn unig i freuddwydio ond i wireddu breuddwydion.

Roedden nhw i gyd yn bobol liwgar, a daeth Merêd â'u lliwiau nhw ynghyd i greu enfys o adloniant sydd wedi pontio'r cenedlaethau.

Pobol arbennig, ar gyfnod arbennig, yn digwydd byw a gweithio mewn lle arbennig.

A phan welodd Merêd nad oedd y BBC yn rhoi'r parch haeddiannol i'r diwylliant roedd ganddo'r fath feddwl ohono a hyder ynddo, camodd allan o'r sefydliad a chychwyn ar drywydd gwahanol. Fyddai adloniant ysgafn ddim yn yrfa iddo mwyach, ond yn hytrach yn ymgyrch.

Ond os oedd adloniant ysgafn modern, os mynnwch chi, yn egwyddor bwysig ganddo, yr hyn oedd yn llosgi ynddo'n angerddol oedd yr hen draddodiad o ganu gwerin. Rhoddodd oes i'r maes, ac er ei fod yn mynnu na allai o byth fod yn academydd oedd yn treulio'i amser yn arbenigo mewn un maes, fe wnaeth job go lew ar y traddodiad canu gwerin.

Ac yn y maes hwn yn anad yr un arall roedd ei bartneriaeth â Phyllis yn canu. Dwi'n meddwl bod y bartneriaeth yn cael ei chrisialu yn y fargen fu rhyngddyn nhw – 'Ddysga i Gymraeg i ti os dysgi di hen nodiant i mi.' Ac edrychwch be gawson ni o'r fargen honno. Petai'r Llyfrgell Genedlaethol (neu Brifysgol Bangor neu'r Amgueddfa Werin) erioed wedi meddwl am greu mainc i ddau wrth ddesg yn adran y llawysgrifau, yna mainc i Phyllis a Merêd fyddai honno – y ddau yn llarpio'r llawysgrifau'n awchus i'w cyfansoddiad er mwyn eu rhannu, yn arbennig â phobol ifanc.

Roedd Merêd yn falch o fod wedi nabod Meic Stephens yr awdur, ond ei ddiléit oedd ei fod wedi cael gweithio efo Huw Stephens. Roedd o'n falch ei fod yn adnabod Mim Twm a'i dad, ond yn gwirioni ei fod wedi cael recordio trac efo Mim Twm Llai, Gai Toms.

Haf neu ddau yn ôl cefais y fraint o drefnu ymweliad criw 10 Mewn Bws â'r Llyfrgell Genedlaethol. Llond bws o gerddorion ifanc, talentog ac amrywiol iawn eu cefndir a'u doniau, wedi dod i weld trysorau cerddorol y Llyfrgell. Cyflwynais Merêd iddyn nhw. Awr a hanner yn ddiweddarach, roedd Merêd yn dal ar ei draed a hwythau'n dal dan ei hud.

Ond nid yn fan'no mae'r stori'n darfod. Wrth gwrs, ei eiriau olaf i'r deg oedd – 'Cofiwch alw os dach chi'n pasio heibio.'

A droeon ers hynny mae o wedi sôn am nifer o'r deg oedd wedi galw am seiat am eu bod nhw'n 'digwydd pasio heibio' Cwmystwyth.

Oherwydd, yng ngeiriau T. Gwynn Jones am Afallon:

Yno, mae tân pob awen a gano,
Grym, hyder, awch pob gŵr a ymdrecho.

A thra oedd y magned mawr hwnnw fu'n graidd i'n byd ni yn eistedd wrth y tân yn Afallon, fyddai Cwmystwyth byth yn anghysbell.

Yma, meddai T. Gwynn Jones, 'Bydd ddewr a glân, baidd ddioddef, bydd ddiddan.' Ac yma yn y Cwm, yn y festri drws nesaf [i'r capel], roedd diddanwch Merêd. Cymdeithas y Cwm a'r Cwrdd Bach blynyddol a'r gwasanaethau ar y Sul oedd yn rhoi ystyr i'r cyfan. Roedd y rhod wedi troi yn gyflawn rhwng Tanygrisiau a Chwmystwyth.

Os oedd Tanygrisiau'r 20au yn gymdeithas roddai fri ar ddiwylliant, roedd hi hefyd yn rhoi bri ar ddysgu ac ar addysgu.

Mynnai fod peidio mynd i'r Ysgol Ramadeg wedi bod yn fendith. Daeth dan ddylanwad athrawon fel John Ellis Williams, athrawon oedd yn barod i feithrin pob dawn gynhenid a welent yn eu disgyblion gan fenthyg llyfrau a chyflwyno syniadau i'r hogyn ifanc, mewn ffordd fwy eclectig efallai na fydda fo wedi ei chael drwy addysg fwy ffurfiol.

Yn yr un modd roedd i'r Coparét le anrhydeddus ar ei CV. Roedd cyfnod y Coparét yn gymaint rhan o'i addysg â dim arall: cyfnod pan oedd yr hogyn 14 oed yn llarpio llyfrau trymion a syniadau mawrion o'r llyfrgell a'u trafod gyda'i gyfoedion.

Gadawodd y Coparét i fynd i Goleg Clwyd, coleg y gweinidogion yn y Rhyl, cyn troi am Fangor i astudio Athroniaeth. Fe fu ei gyfnod fel myfyriwr yn un disglair iawn; graddiodd â dosbarth cyntaf mewn Athroniaeth o Fangor, a chafodd Ddoethuriaeth o Princeton. Dechreuodd weithio yn Boston – Dr Meredydd Evans, 'athro gorau'r flwyddyn 1957' cofiwch – cyn dychwelyd i Adrannau Efrydiau Allanol Bangor a Chaerdydd.

Fe drodd ddysgu yn addysgu, a thro ar ôl tro mae pobol wedi cydnabod eu dyled i haelioni Merêd a Phyllis gyda'u hamser a'u gwybodaeth.

Yno [yn Afallon], mae cynnydd uchel amcanion.

Dyn oedd wedi cael addysg Prifysgol Bangor a Princeton yn cofio na fydda fo wedi cyrraedd yno oni bai am haelioni athrawon ysgol Sul, rhai fel John Ellis Williams a'i debyg, a heb ei gyfnod yn y Coparét.

Soniodd sawl un yr wythnos hon am sefyll ar sgwyddau cawr. Ond mae cewri a chewri i'w cael. Mae yna rai y mae'n rhaid i chi ddringo'n galed i fynd ar eu sgwyddau nhw yn y lle cyntaf. Ond dyma i chi gawr oedd yn fodlon plygu'n rhadlon a gwylaidd i'r lleiaf ohonon ni gael dringo ar ei sgwyddau fo, a mwynhau'r reid hefyd!

Felly, os oedd Tanygrisiau'r 20au yn gymdeithas roddai fri ar ddiwylliant, ar ddysgu ac ar addysgu, roedd hi hefyd yn gymdeithas o egwyddorion cryfion.

Un dehongliad o'r ffordd y datblygodd bywyd Merêd oedd iddo fwrw gwreiddiau yn ddwfn iawn yn niwylliant naturiol ei filltir sgwâr ac iddo gael addysg leol ac addysg ryngwladol o'r radd flaenaf. Aeth â'i ddiwylliant gydag o yn y naill law a'i ddysg yn y llall. A phan oedd y naill yn cael ei herio, defnyddiodd y llall i'w amddiffyn.

Dro ar ôl tro, wrth i iaith a diwylliant Cymru gael eu herio, defnyddiodd ei addysg ddofn i'w hamddiffyn. Rhoddodd sylfaen athronyddol foesol i ymgyrchoedd iaith, nid yn unig o'r tu ôl i'w ddesg mewn coleg a llyfrgell ond hefyd o'r doc ac o'r gell. Baeddodd ei ddwylo. Yn wir, collodd ei waed yn y frwydr!

(Dwi'n ei glywed o rŵan yn dweud: 'Deud wrthyn nhw am Graith Elin Jones' – y graith gafodd o ar ei fawd wrth anafu'i hun yn codi poster yn ystod un o ymgyrchoedd etholiadol

Elin. Roedd 'Craith Elin Jones' yno i'r diwedd ac roedd o'n falch ohoni!)

A dwi'n siŵr bod Elin fel y gweddill ohonon ni wedi troi i Afallon am gyngor ac arweiniad a sêl bendith, am ysbrydoliaeth, ac i gael ein pennau wedi eu cnocio yn ei gilydd gan ei dymer matshian… achos yng ngeiriau Gwynn Jones eto:

Ynni a ddwg i'r neb fynn ddiwygio,
Sylfaen yw byth i'r sawl fynn obeithio.

Mae sawl un wedi nodi sefydlu S4C a'r Coleg Cymraeg fel dau beth y byddai'n anodd eu dychmygu'n bod heb Merêd. Gadawodd y BBC ond trodd yrfa yn ymgyrch. Creodd gnewyllyn o adloniant Cymraeg proffesiynol roedd modd adeiladu gwasanaeth teledu Cymraeg o'i gwmpas cyn pen degawd. Ond cyn hynny roedd wedi troi at ymgyrchu i greu'r union wasanaeth hwnnw: llythyru, areithio, wynebu llysoedd. Ac ar ôl ei gael, fo oedd ei amddiffynnydd pennaf a'i feirniad praffaf.

Mewn maes arall, trawodd Simon Brooks yr hoelen ar ei phen pan ddywedodd fod 'Merêd yn gwbl gadarn ei wrthwynebiad i'r mewnlifiad ac eto roedd yn rhyddfrydig ynghylch mewnfudwyr'. Rhoddodd arfau miniog a phriodol i'r gweddill ohonon ni eu defnyddio mewn dyfroedd oedd yn hawdd iawn eu cymylu. Ond roedd o hefyd yn gwbl ymarferol. Am flynyddoedd bu'n cynnal dosbarth dysgwyr yma yn y Cwm. A doedd dim yn peri mwy o falchder iddo yn ystod y dyddiau olaf hyn na dosbarth dysgwyr Brython Davies. Roedd y baton wedi ei basio ymlaen – 'A doedd o ddim byd i neud efo fi, sdi. Dim byd.' Dyna oedd testun y balchder.

Doedd pob brwydr ddim yn un gyhoeddus, wrth gwrs. Cefnogodd sawl un o'i gyfeillion drwy oriau a blynyddoedd tywyllaf eu bywydau, yn ddiarwybod i lawer. 'Os mêts, mêts… waeth beth a ddaw.' Ac fe fuodd yna gyfnodau tywyll yn ei fywyd o hefyd. Ond yn y brwydrau personol rheiny fe ddaeth y gelyn ar draws yr un styfnigrwydd a phenderfyniad ag a brofai'r gelynion cyhoeddus. Achos:

Ni ddaw fyth i ddeifio hon golli ffydd,
Na thro cywilydd, na thorri calon.

Yn hyn oll, beth bynnag ein hagwedd ni at grefydd, dylem gofio mai Cristion o argyhoeddiad dwfn oedd Merêd. Iddo fo, yr Iddew radical o Nasareth oedd yr esiampl eithaf – yr un agorodd y drws ar Dduw a herio'r drefn efo cariad eangfrydig, i'r fath raddau nes i'r drefn ei groeshoelio. Hwnnw oedd wrth wraidd y cyfan: yr heddychiaeth a'i gred yn y dull di-drais, a'r modd roedd o'n anwesu pobol o bob cefndir a phob oed, sut bynnag roedd cymdeithas wedi eu barnu nhw. Yn ystod un o achosion Cymdeithas yr Iaith yn Aberystwyth roedd Merêd wedi bod yn siarad efo hogyn ifanc oedd o flaen ei well mewn achos arall. Roedd o wedi trywanu rhywun. 'Hen hogyn iawn!' oedd dyfarniad Merêd.

Un o reolau sylfaenol ei Gristnogaeth oedd y dylid trin pawb fel y byddai'n dymuno cael ei drin ei hun, a hynny, i mi, oedd wrth wraidd ei allu rhyfeddol i drin pobol.

Fe fedrai Merêd raffu straeon am y selébs cystal â neb:

Arthur Miller a'i wraig. 'Be oedd ei henw hi, dŵad?' 'Marilyn Monroe, Merêd?' 'Ia, 'na chdi, hen hogan iawn oedd hi hefyd.'

Hugh Griffith yn cymryd ei ffon fugail at John Gielgud mewn parti Gŵyl Ddewi yn fflat Richard Burton.

Canu ym mharti pen blwydd Augustus John yn bedwar ugain, ac yn y blaen, ac yn y blaen.

Ond yr hyn dwi'n ceisio'i ddychmygu ydi pa argraff wnaeth o arnyn nhw. Oedd Arthur a Marilyn yn trafod dros frecwast y bore wedyn – 'Merêd! Doedd o'n hen foi iawn? A glywist ti'r llais 'na?'

Neu Albert yn dweud wrth Mrs Einstein, 'Mae'n rhaid i mi wadd yr hogyn clên yna am swper ryw noson. Mae o'n deud helô bob bore, fel 'swn i 'di nabod o erioed. Tybed pwy ydi o?'

Deud helô, fel 'sa fo rioed wedi gadael Tanygrisiau.

Ond doedd o ddim yn dibynnu ar y rhain am ei feilej, am ei strît-cred. Difyrion wrth fynd heibio oedden nhw i Merêd. Roedd o'n tanio go iawn wrth sôn am Aethwy Jones (bathwr 'Os mêts, mêts!' dwi'n meddwl) a Thriawd y Coleg, ac wrth drafod Blod, ac Edgar, Gladys a Gwyn, Alun a Brython.

'Dan ni'n oes sy'n edrych ar bopeth drwy lens neu delisgop sy'n gwneud y pell yn agos a'r bach yn fawr. Nid felly yn achos Merêd; yr agosa'n y byd roeddech chi'n dod at Gymru, i'r Cwm, i Afallon, mwya'n y byd oeddech chi yn ei olwg o.

Ei ddawn fawr oedd gwneud i bob un ohonom deimlo'n gwbl arbennig. Gallai roi ei sylw'n gyfan gwbl i bob un ohonom, a hynny'n ddiwahân ac yn ddiamod.

Un o'r lluniau olaf sydd gen i o Merêd yw un ohono'n trafod rhyfeddod rhyw garreg ddigon cyffredin efo Iago a Llifon – pedair a dwy flwydd oed. Doeddwn i a 'nghamera ddim yno i 'run o'r tri. Roedd ei sylw'n ddiamod, ddiwahân, ar y ddau fach. Roedd o yn eu byd nhw a hwythau dros eu pen a'u clustiau yn ei fyd yntau.

Hoffai'r esgyrn hunanol ynof feddwl mai dim ond fi a 'nheulu oedd yn cael y fath groeso ganddo – ond gwn hefyd mai rhyfeddod yr enaid mawr yma oedd mai dyna oedd profiad cannoedd o bobol.

Sonis i gynnau mai agosa'n y byd oeddech chi at Merêd, mwya'n y byd oeddech chi yn ei olwg o, a beth bynnag am y byd, am Gymru a'r Cwm – wrth drafod ei deulu roedd cannwyll ei lygad yn cynnau.

Yn ddiweddar roedd ei ofal dros Phyllis yn dyner ac amyneddgar a gwarchodol. Ond all rhywun ddim peidio ag edmygu 67 o flynyddoedd o fywyd priodasol. Pin-yps eu cenhedlaeth mewn wyth degawd. Epig o ymgyrch a storm o bartneriaeth oedd mor gynhyrchiol a chreadigol.

Roedd o mor falch ohonot ti, Eluned, ac o John, mor ddiolchgar am eich gofal, a ganiataodd i'r ddau fyw yma, yng nghanol y byd, cyhyd. Ond, yn fwy na hynny'n ddiweddar yma, am dy waith gyda Chofnodion y Cwm.

Byddai'n sôn yn gyson am Elinor a Kathryn a Gareth. Doedd yr un o'r tri byth yn bell o'r sgwrs.

Roedd o'n meddwl y byd o Ben a Keira yn Awstralia ac Anna a James yn Llansannan, ac wrth ei fodd yn sôn am eu hanturiaethau diweddaraf. Roedd Taid Afallon yn falch iawn ohonoch chi, hogia. A pheidiwch chi byth ag anghofio hynny.

Wrth gydymdeimlo â chi yn eich profedigaeth, allwn ni ddim ond diolch yn fawr iawn i chi am gael ei fenthyg o. Dydy rhannu'ch gŵr a'ch tad gyda chenedl gyfan ddim yn hawdd. Nid Merêd yn unig oedd yn ein croesawu ni i Afallon, ond y chi hefyd, a hynny'n rhadlon bob amser. 'Dan ni'n gwerthfawrogi'n fawr yr hyn dach chi wedi ei roi i ni hefyd.

Felly, wrth bwyso a mesur canrif o ddyn, be oedd yn gwneud y dyn yma'n wahanol?

Wel, yn sicr roedd y rysáit yn cynnwys y cyfan o Danygrisiau 1919: diwylliant, dysg, addysg ac egwyddorion, wedi eu cymysgu'n egar ag egni aruthrol a pharodrwydd i weithio'n galed, heb anghofio joch hael iawn o ddoniau cynhenid ac ymhlith rheiny y ddawn i drin pobol mewn modd cwbl arbennig.

O dynnu'r pethau hyn at ei gilydd, roedd yna enaid rhyfeddol yn trigo yn Afallon. Byddai T. Gwynn Jones yn dweud bod 'anadl einioes y genedl yno!'

Gormodiaith, meddech chi? Wrth gwrs. Mae'r genedl yn amlweddog, amlddiwylliannol, ddwyieithog, yn cynnwys chwaraeon, gwyddoniaeth, byd busnes – yr holl bethau yma nad oedd gan Merêd ryw lawer o ddiddordeb ynddyn nhw.

Ond os byth yr awn ni fel Cymry Cymraeg i ddifancoll, fe fydd yr holl bethau eraill yma yn para; y pethau fydd yn mynd efo ni fydd ein hiaith, ein traddodiad gwerin, ein cerdd dant a'n cynghanedd. Ac yn Merêd fe gawson nhw anadl einioes wrth i arweinwyr pob un o'r meysydd hynny droi ato yn eu tro dros ddegawdau am arweiniad, atgyfnerthiad ac ysbrydoliaeth.

Os tynnwn ni yr hyn oedd gan T. Gwynn Jones i'w ddweud at ei gilydd, fe welwn ni y gallai'n hawdd fod wedi sgwennu rhan olaf 'Ymadawiad Arthur' ar gyfer heddiw:

Byw yno byth mae pob hen obeithion,
Yno, mae cynnydd uchel amcanion;
Ni ddaw fyth i ddeifio hon golli ffydd,
Na thro cywilydd, na thorri calon.

Yno, mae tân pob awen a gano,
Grym, hyder, awch pob gŵr a ymdrecho;
Ynni a ddwg i'r neb fynn ddiwygio,
Sylfaen yw byth i'r sawl fynn obeithio;
Ni heneiddiwn tra'n noddo – mae gwiw foes
Ag anadl einioes y genedl yno!

Yn y pellter, fel peraidd
Anadliad, sibrydiad braidd,
Darfu'r llais ...

Ond ...

Bedwyr, yn drist a distaw,
At y drin aeth eto draw.

At y drin aeth eto draw.

Os mêts, mêts!

Terfynau

(Ymryson)

Ychydig fisoedd ar ôl traddodi'r deyrnged yn yr angladd roeddwn yn ôl yn sêt fawr Siloam, Cwmystwyth yn derbyn Cadair yr eisteddfod – eisteddfod yr oedd Merêd wedi gweithio i'w hatgyfodi a cherdd ar destun yr oedd o ei hun wedi ei osod. Gwnaed y gadair gan Hedd Bleddyn o dderw, symbol o gadernid a hirhoedledd; y glustog o blwm, symbol o Gwmystwyth; a'r cefn o lechen, symbol o Danygrisiau.

Roedd hi fel petai'r jig-so yn gyflawn, ond bod un darn mawr ar goll yn y canol.

Chwalu

(Alaw Leddf)

Cywain elw yw fy anian
Troi fy mhres yn aur ac arian
Chwalu meini yn alanas
Cydio maes wrth faes yn deyrnas.

Cornel fach o'r map mawr coch
Lle bu'r moch yn sathru
Yw fy myd i gyd yn grwn,
Y darn bach hwn dwi'n garu.

Oriau maith yn dofi'r drain
Mewn gwyntoedd main, fu'n naddu
Map fy ngwlad i gledr llaw
A'i inc yw'r baw sy'n glynu.

Os yw'r Clawdd yn llwybr troed
A Llys y Coed yn ulw,
Os yw'r Nant gan fwd yn fud
Mae hud i bob un enw.

Mae 'na stori i bob crych,
Pob rhych sy'n mynnu cofio,
A'r map a'i greithiau sydd yn saff
Mewn dyrnau praff 'di rowlio.

Adeiladu

(Alaw Fywiog)

Rhaid ei bwyso, rhaid ei fesur,
Rhaid ei brofi gyda chyhyr,
Rhaid bod modd ei weld a'i gyfri
Cyn bod gwerth go iawn i'th ffwlbri.

Torri craig o afael tyn
Hen chwyn, ac yna'i gosod
Ar graig fwy, a dwrn o wlân
Yn y bylchau mân, yn gysgod.

Codi giât i gau y tir,
Rhoi enw'n glir ar styllan,
Gosod bollt sy'n cau a chloi,
Cyn troi i dendio'r gorlan.

Sgwrio'r Nant yn loyw lân
Nes bod ei chân i'w chlywed
Drwy y tir yn adrodd hynt
Y dyddiau gynt ar faled.

Casglu ynghyd hen ŷd y wlad
A hau yr had a'i noddi,
Nes bwrw gwraidd ac egin brwd
A ddaw â chnwd i'n porthi.

Rhannu

(Alaw Ddawns)

Try dy fyd o gylch dy fogel
Tra mod i yn dringo'n uchel,
Trwm yw'r pridd o dan dy wadnau,
Hedfan beunydd a wnaf innau.

Agoraf yr adwy i bedwar ban byd
A chanaf o'r cilbost bod ni yma o hyd,
"Dewch yma i gasglu ein blodau yn ffri,
Ond gadwch ryw sbrigyn o alaw i ni."

Tywynnaf frwdfrydedd dros gysgod a fu
Nes dangos gogoniant y wlad ar bob tu;
Dangosaf â balchder y Llys yn y Coed
Ac yna y Clawdd a fu'n llwybr dan droed.

"Edrychwch, dychwelodd yr ehedydd i'r fro,
A'i halaw ar ddeor 'rôl oesoedd dan glo."
"A glywch chi y Nant? Mae mor ifanc, mae'n wir,
Ond purdeb ei chân sy cyn hyned â'r tir."

Bûm innau yn crwydro a chanu'n fy nhro
A chanu a chanu am gyfoeth fy mro,
Ond anwes fy mamwlad a'm galwodd ar ras
A dawnsiais y llwybr cyn iddo droi'n las.

Rocet Arwel Jones

Beddargraff Merêd

Merêd, daw'n wyliau eto; – daw rhywrai
   Drwy'r eira i byncio.
  Ai rhy gryf fydd bolltau'r gro?
  A yw'r gân yn gryg yno?

'I eraill gyda'r Fari – y daw'r hwyl
   Boptu'r drws eleni,
  Ond o'i ddatgloi fe glywi
  Drwy'u lleisiau hwy fy llais i.'

Peredur Lynch

Am restr gyflawn o lyfrau'r Lolfa, mynnwch
gopi am ddim o'n catalog
neu hwyliwch i mewn i'n gwefan

www.ylolfa.com

lle gallwch archebu llyfrau ar-lein.

T<small>ALYBONT</small> C<small>EREDIGION</small> C<small>YMRU</small> SY24 5HE
ebost ylolfa@ylolfa.com
gwefan www.ylolfa.com
ffôn 01970 832 304
ffacs 832 782